MARCO POLO

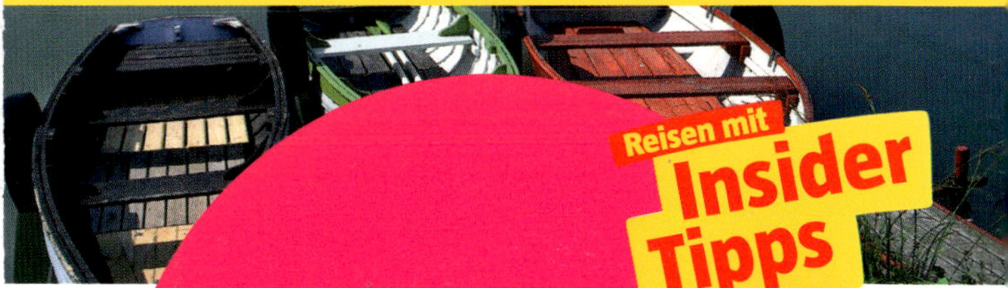

Reisen mit Insider Tipps

UNGARN

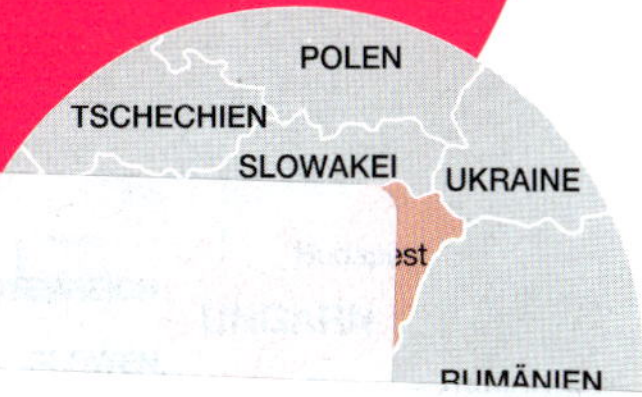
POLEN
TSCHECHIEN
SLOWAKEI
UKRAINE
RUMÄNIEN

Nils Kern

Nils Kern, Jahrgang 1975, lebt als Journalist, Autor von Reiseführern und Übersetzer in Polen. Ungarn entdeckte er erstmals Mitte der 1990er-Jahre bei einem Urlaub mit seiner Frau. Seitdem erkundete er das Land auf zahlreichen umfassenden Reisen und lernte es im Wandel der ereignisreichen letzten 15 bis 20 Jahre kennen. Besonders gut gefällt ihm die Gastlichkeit der „Zimmer frei"-Privatvermieter.

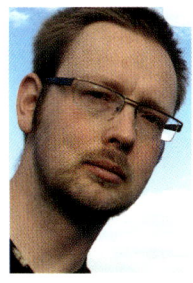

www.marcopolo.de/ungarn

Die besten Insider-Tipps → S. 4

INSIDER TIPP

Best of ... → S. 6

Transdanubien → S. 32

Balaton → S. 56

SYMBOLE

INSIDER TIPP Insider-Tipp

★ Highlight

●●●● Best of ...

☼ Schöne Aussicht

🌿 Grün & fair: für ökologische oder faire Aspekte

(*) kostenpflichtige Telefonnummer

PREISKATEGORIEN HOTELS

€€€ über 80 Euro

€€ 50 – 80 Euro

€ unter 50 Euro

Die Preise gelten für zwei Personen im Doppelzimmer inklusive Frühstück in der Sommersaison

PREISKATEGORIEN RESTAURANTS

€€€ über 15 Euro

€€ 10 – 15 Euro

€ unter 10 Euro

Die Preise gelten für eine Suppe und ein Hauptgericht, Getränke nicht inbegriffen

Titelthemen: Schloss Esterházy, das „ungarische Versailles" S. 50 | Wandern am Theiß-See S. 100

INHALT

Donauknie → S. 62

Ausflüge & Touren → S. 96

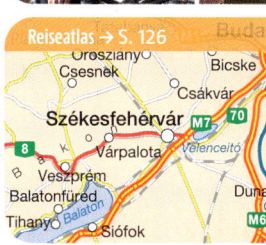
Sport & Aktivitäten → S. 102

Reiseatlas → S. 126

GUT ZU WISSEN
Geschichtstabelle → S. 12
Zahlen und Fakten → S. 23
Spezialitäten → S. 26
Ein Haydn-Spaß mit Esterházy
→ S. 51
Bücher & Filme → S. 95
Was kostet wie viel? → S. 116
Währungsrechner → S. 117
Wetter → S. 118

KARTEN IM BAND
(128 A1) Seitenzahlen
und Koordinaten verweisen
auf den Reiseatlas
(O) Ort/Adresse liegt außer-
halb des Kartenausschnitts
Es sind auch die Objekte mit
Koordinaten versehen, die
nicht im Reiseatlas stehen
(U A1) Koordinaten für die
Budapest-Karte im hinteren
Umschlag

UMSCHLAG HINTEN:
FALTKARTE ZUM
HERAUSNEHMEN →

FALTKARTE 🗺
(🗺 A–B 2–3) verweist auf
die herausnehmbare Falt-
karte
(🗺 a–b 2–3) verweist auf
die Zusatzkarte auf der Faltkarte

Die besten MARCO POLO Insider-Tipps

Von allen Insider-Tipps finden Sie hier die 15 besten

INSIDER TIPP Höfisches Treiben

Im *Renaissancepark* von Bikal tauchen Sie in die Welt der Ritter ein und erleben hautnah und ganz direkt ein mittelalterliches Dorf mit Turnierplatz, Schaukämpfen und noch einigem mehr an Unterhaltung → S. 46

INSIDER TIPP Kleiner Strand ganz groß

In der Nähe des oft überlaufenen Großen Strands der „Balaton-Hauptstadt" Siofók ragt der *Sóstói-Strand* wie eine Halbinsel in den See hinein und wartet mit einer schönen Atmosphäre auf → S. 60

INSIDER TIPP Lasst Blumen sprechen

Beim *Blumenkarneval,* diesem bunten und fröhlichen Stadtfest in Debrecen, zählen nur Freude und gute Laune. Dabei handelt es sich bei Nichtungarn immer noch um einen Geheimtipp, auch wenn die östliche Großstadt langsam an Beliebtheit gewinnt. Die größte Attraktion des Fests sind die schön geschmückten Blumenwagen (Foto re.) → S. 111

INSIDER TIPP Puszta-Romantik

Ein Ruhepol inmitten der weiten Steppenlandschaft ist die idyllische Pension *Akazienhof* in Fülöpháza – inklusive Reittouren und Kutschfahrten → S. 83

INSIDER TIPP Summer-Feeling

Das Restaurant *Mala Garden* in Siófok bietet asiatisch-mediterranes Flair mit eleganter Innenarchitektur, guter Küche und absoluter Toplage am Balaton → S. 60

INSIDER TIPP Actionpark

Jede Menge Sport und Spaß erwartet große wie kleine Besucher im rund um einen See angelegten *Bakony-Park* bei Kislőd, unter anderem mit Strecken für Reiter und Mountainbiker → S. 106

INSIDER TIPP Kellergeschichten

Im *Schwalbenhaus* des zauberhaften Ortes Palkonya sind Sie von 60 Weinkellern und einer Rundkirche aus dem 18. Jh. umgeben → S. 38

INSIDER TIPP Herrscher der Flüsse

Im denkmalgeschützten Gebäude des *Donaumuseums* von Esztergom lassen sich per Knopfdruck raffinierte technische Modelle bedienen → **S. 108**

INSIDER TIPP Forellenquintett

Hier machen die Höhenluft, das Panorama und die gute Küche die Musik: im Restaurant der *Sebesvíz Pension* bei Lillafüred – mit Forellen aus eigenen Teichen → **S. 93**

INSIDER TIPP Jugendstilperle

Schönstes Art déco erleben Sie im Budapester *Haus der Ungarischen Sezession,* einem Gesamtkunstwerk des Jugendstils von 1903, das heute ein sehr sehenswertes privates Museum ist → **S. 64**

INSIDER TIPP Weinselige Exzellenzen

Entdecken Sie das gewaltige unterirdische Reich der *Erzbischöflichen Weinkeller* in Eger, in dem auch die hohe Geistlichkeit ganz irdischen Genüssen frönte → **S. 88**

INSIDER TIPP Weg und Steg

Auf Holzstegen können Sie durch das Naturschutzgebiet des Theiß-Sees spazieren und dabei seltene Tiere und Pflanzen entdecken → **S. 100**

INSIDER TIPP Spur der Steine

Im *Ziegelmuseum* von Veszprém erzählen in einem schönen Gewölbekeller die Steine Geschichte und Geschichten aus längst vergangenen Zeiten → **S. 54**

INSIDER TIPP Weitblick

Beim Besuch des *Dachgartencafés* im Kultur- und Kongresszentrum Kölcsey Központ liegt Ihnen Debrecen zu Füßen, die zweitgrößte Stadt Ungarns mit ihrer riesigen calvinistischen Kirche → **S. 76**

INSIDER TIPP In Holz gemeißelt

In seinen Skulpturen hat der Bildhauer Johák Asztalos viele Charaktere seiner Heimat verewigt – zu bestaunen im Museum *Fafaragás* von Parád → **S. 92**

BEST OF ...

SPAREN

● *Orgelklänge in Pécs*
Im *Dom St. Peter und Paul* können Sie an fünf Tagen der Woche völlig kostenlos herrliche Orgelmusik hören, anstatt sich für beträchtliches Geld mühsam ein kleines Konzert zu bestellen → **S. 44**

● *Wein überm Balaton kosten*
In *Badacsony* genießen Sie einen der schönsten Ausblicke auf den Plattensee per Auto, per Fahrrad oder zu Fuß von einem Sträßchen auf halber Höhe des Berges. Und auch die Weinprobe an den Winzerbüdchen entlang des Wegs ist gratis → **S. 59**

● *Das beste Bild der Hauptstadt*
Von der *Zitadelle* auf dem Gellértberg tut sich das beeindruckende Panorama von ganz Budapest auf – unbezahlbar und gratis zugleich. Verschlungene Spazierwege im Grünen führen hinauf (Foto) → **S. 64**

● *Zur Feier des Tages Eintritt frei*
An den staatlichen Feiertagen 15. März, 20. August und 23. Oktober können Sie viele Museen im ganzen Land besuchen, ohne die Geldbörse zu zücken – darunter das *Margit-Kovács-Museum* in Szentendre, das Werke der bekannten Keramikkünstlerin und Bildhauerin zeigt → **S. 71**

● *Gesundbrunnen*
Den Platz vor dem Thermalbad von Eger schmückt ein *Brunnen*, aus dem ständig hervorragendes Mineralwasser der Heilquelle fließt – kostenlos → **S. 89**

● *Kapitales Vergnügen*
Jedes Jahr Ende Juni zelebriert die Hauptstadt ihr inzwischen legendäres *Brückenfest* – dann ist ganz Budapest eine Party. Die meisten Open-Air-Konzerte und die Straßenfeste sind ohne Bezahlung zu erleben → **S. 110**

●●●● Diese Punkte zeichnen in den folgenden Kapiteln die Best-of-Hinweise aus

● Warme Quellen

Das Naturwunder des Thermalsees von *Héviz,* dessen Wasser selbst im Winter nie kälter als 22 Grad wird, verbindet zwei der schönsten Erlebnisse in Ungarn: das Baden in einer der zahlreichen Heilquellen und die Freude an einem idyllischen, natürlichen See → S. 59

● Süße Pfannkuchen

Die echten, köstlich gefüllten Gundel-Palatschinken gibt es im Stammhaus der Familie Gundel – oder, etwas günstiger und direkt daneben, in ihrem zweiten Restaurant *Bagolyvár* beim Budapester Stadtwäldchen → S. 66

● Zimmer frei!

Dieses Schild, zumeist in deutscher Sprache vors Haus gestellt, signalisiert die beste Art der Unterkunft in Ungarn: persönlich, familiär, sympathisch, günstig, spontan und dazu häufig mit sehr ordentlichem Standard. Sehr angenehme Übernachtungen bietet beispielsweise die *Vaskó Panzió Borpince* in Tokaj → S. 90

● Osmanische Spuren

Christentum trifft Islam: Pécs verbindet diese beiden Weltreligionen sogar in einem einzigen Gebäude, der *St.-Maria-Kirche* am eindrucksvollen Széchenyi tér. Niemand versuchte hier zu vertuschen, dass in dem Gotteshaus einst eine Moschee residierte. Nur noch wenige Spuren erinnern im Land an die lange türkische Okkupation Ungarns, aber sie sind vorhanden – man muss sie nur entdecken → S. 45

● Berühmter Wein

„Lasst Tokajer fließen ...": Schon Goethe wusste, dass es in Auerbachs Keller nur einen besonderen Tropfen für Faust und Mephisto geben kann, nämlich Weißwein aus Tokaj, dem malerischen Städtchen im Nordosten Ungarns. Es gibt ihn von trocken bis lieblich, von seiner historischen Seite zeigt er sich im Weinkeller des *Tokaj-Museums* → S. 95

● Scharfe Schoten

Überall im Land hängen im Herbst die dunkelroten Gewürzpaprikaschoten vor den Häusern und Läden, hübsch arrangiert. Im sympathischen Städtchen Kalocsa zeigt das *Paprikamuseum* Geschichte und Anwendung dieses besonderen Gewächses (Foto) → S. 80

TYPISCH

BEST OF ...

REGEN

● Planschen im Széchenyi-Bad
Das Bauwerk im Budapester Stadtwäldchen ist eine architektonische Perle, besonders aus der Perspektive der Schwimmbecken im großen Innenhof. Im warmen Wasser stört der Regen bestimmt nicht! → S. 67

● Per Zug ums Ungarische Meer
Wenn die Fahrrad- oder Wandertour am *Balaton* entlang nicht möglich ist, dann bietet eine Bahnfahrt die beste Aussicht → S. 56

● Höhlenwunder entdecken
Erstaunliche, geheimnisvolle, viele Kilometer lange unterirdische Systeme – über Ewigkeiten von der Natur erschaffen – laden in der *Baradla-Höhle* zu mehrstündigen Touren ein. Zwar kühl, aber garantiert ohne Niederschlag → S. 94

● A Night at the Opera
Der Besuch der *Oper* (Foto) in Budapest vereint nicht nur Musikgenuss und Besichtigung dieses außerordentlichen Hauses. Danach stehen in direkter Nachbarschaft zahllose Lokale, Cafés und Restaurants zur Verfügung – teils die ganze Nacht geöffnet. Und bei starkem Regen flüchten Sie direkt in die Metrostation „Opera" → S. 65

● Museumsmarathon
Die kleine Museumsstraße *Káptalan utca* im Herzen von Pécs besitzt gleich drei sehenswerte Ausstellungshäuser – im wahrsten Sinn des Wortes nebeneinander: das gotische Propsthaus, das Vasarely-Museum und die Ungarische Gemäldegalerie → S. 44

● Ein Abend im Weinkeller
Zahlreiche Orte in Ungarn haben schöne Weinkeller zu bieten. Besonders spannend ist das *Liebfrauental* von Eger, wo sich ein Weingut an das nächste reiht → S. 89

● Insel im Fluss

Geruhsam im Grünen: Auf der Budapester *Margareteninsel* können Sie wunderbar auf einer der großen Wiesen oder auf einer Bank die Füße hochlegen – wahlweise mit Blick auf eine Burgruine oder auf einen japanischen Garten. Auch hübsche Hotelterrassen locken Gäste an → S. 65

● Vinotherapie

Die Winzerregion Villány-Siklós bietet nicht nur einige edle Tropfen, sondern im Spa des Hotels *Crocus* auch Wellnessverwöhnung mit vinotherapeutischen Schönheits- und Entspannungsbehandlungen → S. 38

● Konditorei mit Balaton-Blick

Auf der Terrasse des Traditionshauses *Rege Cukrászda* im Inselörtchen von Tihany genießen Sie Kaffee und Kuchen mit wunderbarem Plattensee-Panorama. Gleich daneben warten dann das Freilichtmuseum und die Abteikirche auf Ihren Besuch → S. 61

● Bootsausflug auf dem Theiß-See

Bei einer gemütlichen Bootsfahrt entdecken Sie am besten die einzigartige Flora und Fauna dieses künstlich angelegten Sees. Los geht es im ruhigen Örtchen Poroszló → S. 100

● Einmal durchkneten, bitte

Eine Massage in einem der ungarischen Heilbäder – ganz exklusiv natürlich im Budapester *Gellért-Thermalbad* – werden Sie nicht so schnell wieder vergessen. Es wird meistens ganz schön kräftig zugelangt, doch dafür hält die relaxende Wirkung länger an → S. 64

● Bahnfahrt durch das Mátra-Gebirge

Von dem Städtchen Gyöngyös verkehrt eine kleine *Schmalspurbahn* nach Mátrafüred und Lajosháza – eine entspannte Tour durch schöne Landschaften (Foto) → S. 92

MK43-404

AUFTAKT

ENTDECKEN SIE UNGARN!

Atemberaubende Ausblicke, traumhafte Verwöhnung im Thermalbad: In Ungarn vereinen sich vielerorts wunderbare Landschaften, Genuss und das reiche Erbe einer 1000-jährigen Geschichte. Die zahlreichen Badeparadiese und neu aufgeblühten Weingüter haben immer mehr Orte und Gegenden in Wohlfühloasen verwandelt. Prachtvolle Städte sind eingebettet in bergige Regionen, einzigartige Steppenflächen, Seeidyllen und Flusslandschaften entlang den beiden großen Strömen Donau und Theiß.

Wer Ungarn bereist, erlebt vor allem eine äußerst abwechslungsreiche Natur und die Wiederbelebung eines enormen Kulturerbes. Die Naturvielfalt reicht von der Fauna und Flora der Puszta über die noch ursprünglichen Wälder des Bakony und die Weinregionen bis zu den Alpenausläufern im Westen. Die Entdeckung der Kulturschätze gleicht einer faszinierenden Zeitreise: Die Ära der Römer wird in Ausgrabungen wie Tác-Gorsium oder im Ruinengarten mitten in Szombathely lebendig. Eine Augenweide sind die restaurierten mittelalterlichen Altstädte von Kőszeg oder Sopron. Barocke

Bild: Puszta bei Hortobágy

Am Strandbad von Keszthely: Blick über den Plattensee, das „Ungarische Meer"

Stadtpracht zeigt sich in Eger, Győr, Vác, Kalocsa und Szentendre. Dagegen stehen Debrecen und Szeged im Zeichen des Klassizismus und Historismus. Wer in Westungarn eher auf österreichische Spuren trifft, wird dagegen im herrlichen Pécs oder im schmucken Eger türkische Einflüsse entdecken. Ganz im Süden ist der Balkan zu spüren, während im Norden geheimnisvolle Höhlensysteme Ungarn mit der Slowakei unterirdisch verbinden.

Barocke Stadtpracht, österreichische Spuren und türkische Einflüsse

Schon das Wort „Ungarn" weckt bei vielen eine Fülle romantischer Assoziationen von Musik und Tanz bis hin zu Kesselgulasch und Puszta. Ost- und Westdeutsche erinnern sich an gemeinsame Begegnungen rund um den Plattensee. Wo sonst konnte man sich so entspannt innerdeutsch austauschen? In der ehemaligen DDR denkt man

896
Die von Árpád geführten Magyarenstämme erobern das Karpatenbecken

1000
Stephan, Sohn von Großfürst Géza (972–997), wird erster ungarischer König

1458
Renaissancekönig Matthias regiert bis 1490 und macht Visegrád und Buda zu Hochburgen des Humanismus

1526–1697
Ungarn wird 1526 bei Mohács von den Türken geschlagen und geht in Erbfolge an die Habsburger über. Die Türken beherrschen den größten Teil des Landes. 1697 Vertreibung der Türken unter Führung der Habsburger

vielleicht noch an die Ausnahmerolle Ungarns damals im Ostblock – mit ein wenig mehr Freiheit. Ungarn schien wie eine Insel, die sich von niemandem ganz vereinnahmen lässt.

Dieses Bild ist auch heute noch in vielerlei Hinsicht angemessen. Wie eine Insel liegt Ungarn da, von den Karpaten umschlossen, in der Mitte Europas, am Schnittpunkt zwischen Ost und West. Aus den eurasischen Steppen haben sich die Reiternomaden auf den Weg gemacht, die Ungarn begründeten. Zu ihnen gesellten sich weitere Völker wie Kumanen und Jazygen, aber auch Italiener, Franzosen, Wallonen, Deutsche, Slowaken und viele andere. Am deutlichsten zeigt sich der Inselcharakter, das Anderssein, an der Sprache. Sie hat nichts mit benachbarten Sprachfamilien gemeinsam. Der nächste Verwandte des Ungarischen taucht erst wieder in Estland und Finnland auf. Das Idiom der Ungarn ist der markanteste Ausdruck ihrer fernen ethnischen Herkunft.

Landschaftlich teilt sich Ungarn entlang der Flüsse: Westlich der Donau liegt das hügelreiche Transdanubien mit seinen eher sanften, 400 bis 700 m hohen Erhebungen. Sie reichen von den Keszthelyer Bergen über die weinbestandenen Balaton-Vulkane bis zu den Höhenzügen Bakony und Vértes sowie den Pilis- und Visegráder Höhen am Donauknie. Der Plattensee, in Ungarn Balaton genannt, ist ein Teil Transdanubiens, doch als Tourismushochburg kommt ihm eine Sonderstellung zu – erst recht im Bewusstsein der Ungarn, die ihr „Ungarisches Meer" heiß und innig lieben und sich nur zu gern mit Familie und Freunden in einem Sommer-

> **Das Land teilt sich entlang der Flüsse**

1703
Freiheitskampf gegen die Habsburger, Fürst Ferenc II. Rákóczi geht nach der Niederlage 1711 ins Exil

1849
Die Bürgerliche Revolution von 1848 unter Lajos Kossuth scheitert

1867–1918
Die 1867 mit Kaiser Franz Joseph I. und Elisabeth (Sisi) etablierte k. u. k. Doppelmonarchie zerfällt 1919

1920
Ungarn verliert mit dem Frieden von Trianon 70 Prozent seines Territoriums

1949–1989
Sozialistische Volksrepublik. Der Aufstand von 1956

12 | 13

häuschen dort treffen. Doch nicht nur sie fühlen sich wie magisch angezogen: Zehntausende Deutsche und Österreicher haben ihren Zweit- oder gar Erstwohnsitz an den Balaton verlegt, und im Sommer kommen noch viel mehr von ihnen als Touristen. Die Befürchtung – für einige vielleicht auch Hoffnung –, der See könne zum zweiten Mallorca werden, hat sich aber nicht bestätigt, abgesehen vom Hochsommer in der Partymetropole Siófok. Mit seinen 800 bis über 1000 m hohen Mittelgebirgen ist Nordungarn die höchstgelegene Region. Daran schließt sich der wohl bekannteste Teil des Landes an: die Große Tiefebene östlich der Donau, die weite, flache Puszta mit ihren Zungenbrechern in den Ortsnamen.

> **Weit, flach und mit Zungenbrechern in den Ortsnamen: die Puszta**

Die Vergangenheit ist für die Mentalität der Ungarn von enormer Bedeutung. Der Name Árpád ist jedem Schulkind gewärtig, denn mit der Landnahme des Fürsten 896 beginnt die ungarische Geschichte. Er war es, der sein Volk aus dem fernen Osten zu seinem neuen Bestimmungsort führte. Die Ungarn sehen sich als stolzes Volk mit großer Geschichte, das sich sein Land vor über 1000 Jahren im wahrsten Sinn des Wortes „nehmen" musste und es seither verteidigt. So ist auch der Schock besser zu verstehen, den die Ungarn erlebten, als ihnen nach dem Ersten Weltkrieg im Vertrag von Trianon gut zwei Drittel ihres Territoriums aberkannt wurden. Der Schmerz wirkt bis heute nach – und der für Außenstehende zuletzt so verblüffende Erfolg rechter, gar radikaler Parteien ist auch im 21. Jh. immer noch zu einem guten Teil damit zu erklären. Touristen werden die Bedeutung von Trianon am ehesten an den Denkmälern erkennen: Besonders jene, die an den Ersten Weltkrieg erinnern, wurden neu errichtet, ausgebaut oder renoviert.

Ungarn heißt auf Ungarisch *Magyarország* – Land der Magyaren: Diese stellen etwa 90 Prozent der Bevölkerung (rund 10 Mio. Einwohner). Und das in einem Land, das über Jahrhunderte als Vielvölkerstaat schlechthin bezeichnet werden konnte – über lange Zeit machten die Magyaren nicht einmal die Hälfte der Bevölkerung aus, Deutsche und Österreicher bildeten die einflussreichsten Schichten. Heute bilden die geschätzt rund 1 Mio. Sinti und Roma die zweitgrößte Volksgruppe. Meistens leben sie separat in ihren Dörfern oder Siedlungen, die Vorbehalte, oft gar der Hass gegen sie

gegen das Regime wird
niedergeschlagen

24. Okt. 1989
Ausrufung der Republik

2004
Ungarn wird EU-Mitglied

2010
Wahlsieg der nationalkonservativen Fidesz-Partei

2012
Massendemonstrationen von Regierungsanhängern und -gegnern. Die EU ermahnt Ungarn zur Einhaltung demokratischer Prinzipien

2014
Die Fidesz mit Regierungschef Viktor Orbán gewinnt erneut die Zweidrittelmehrheit im Parlament

Budapest-Panorama mit Donau, Burgpalast und Kettenbrücke

sind groß, der Austausch ist gering. Es folgen die Deutschen, deren Zahl sich in den letzten zehn Jahren auf über 130 000 mehr als verdoppelte. Den Kern der deutschen Minderheit bilden die „Donauschwaben", die ein faszinierendes, wenn auch schwer zu verstehendes Deutsch sprechen.

Auch der Fall des Eisernen Vorhangs begann in Ungarn: Im Sommer 1989 gaben die ungarischen Grenzbeamten am Neu-

> **Ausgezeichnete Weine, um abends damit anzustoßen**

siedler See plötzlich auf und ließen ganze Scharen von DDR-Flüchtlingen nach Österreich marschieren. Die Ungarn selbst erreichten endlich wieder Selbstbestimmung, und mit dem Beitritt des Landes zur EU 2004 war die Rückkehr nach Europa vollzogen. Doch für die meisten verschwanden mit dem sozialistischen System vor allem Sicherheit und die – wenn auch bescheidene – Rundumversorgung durch den Staat. Deswegen wird man im Gespräch mit dem Wirt im Lokal oder mit den Gastgebern in der Privatunterkunft auch heute noch viel Nostalgie und Verklärung des Kommunismus bemerken. Hinter der modernen, hübschen, oft sehr westlichen Fassade steckt auch noch viel Armut. Dennoch: Der Fortschritt im ganzen Land geht auch in schwierigen Zeiten weiter und ist unübersehbar.

Was erwartet also Ungarn-Besucher? Ein Land mit langer und hervorragender Tradition bei der Beherbergung und Bewirtung von Gästen, mit einzigartigen Landschaften und Städten – und mit ausgezeichneten Weinen, um abends am bereits geleerten Gulaschkessel darauf anzustoßen.

IM TREND

1 Made in Hungary

Mode Von Bori Tóth *(Tothbori | Hajós utca 25 | Budapest)* haben Sie noch nie etwas gehört? Das sollten Sie nachholen, denn die Designerin verzaubert mit ihren weiblichen Schnitten. Wenn Sie schon in der Hajós utca sind, sollten Sie auch die Boutique *Manier (Nr. 12 | www.manier.hu)* besuchen. Wahlbudapester Anh Tuan *(bei Gallery Erdész & Design | Bercsényi utca 4 | Szentendre)* designt spektakuläre Taschen aus Leder, Stoff und Metall – und die passende Mode dazu. In Budapest ist auch *Retrock (Anker köz 2)* definitiv einen Besuch wert *(Foto)*.

Badespaß

2

Events Die Thermalbäder des Landes stehen für die erholungssuchenden Urlauber auf der To-do-Liste. Aber auch Partyfans kommen dort auf ihre Kosten. DJs, Cocktails und Lichteffekte bringen das Wasser im Budapester *Rudas-Bad (Döbrentei tér 9)* zum Brodeln. Einmal im Monat finden dort die *Cinetrip*-Partys *(www.cinetrip.hu)* statt *(Foto)*. Freitags und samstags hat das Bad ohnehin bis 4 Uhr zum Nachtschwimmen geöffnet. Nachtaktiv ist auch das *Halastermál (Nagy Szeder István utca 1 | Kiskunhalas)*. Bis 23 Uhr kann man dort Saunieren, Bahnen ziehen oder im Heilwasser entspannen.

3 Leinen los

An Bord Wenn der Boden unter Ihren Füßen schwankt, liegt das nicht am Wein. Ausrangierte Donauschiffe sind die angesagtesten Nightlifelocations der ungarischen Hauptstadt. So verfügt die 1500 m² große *A38 (an der Petőfibrücke | www.a38.hu)* über eine Konzerthalle, fünf Bars und ein Restaurant *(Foto)*. Kleiner und uriger ist der *Blue River Pub (an der Elisabethbrücke)*. Auch hier gibt es coole Konzerte.

Bahn frei

Fahrrad Kaum Radwege und übervolle Straßen: Damit wollten sich Budapests Fahrradfahrer nicht mehr zufriedengeben. Bei einer Fahrraddemonstration forderten sie mehr Fahrradfreundlichkeit in der Hauptstadt – mit Erfolg. Nach und nach entstehen Fahrradrouten, Straßen werden verkehrsberuhigt. Und damit steigt auch die Anzahl der Touristen, die die Stadt mit dem Rad erkunden wollen. Die orangefarbenen Bikes von *Budapest Bike (Wesselenyi utca 13 | www.budapestbike.hu)* können auch für Langstrecken, beispielsweise zum Balaton, oder geführte Touren gemietet werden. Sightseeingtouren hoch zu Rad, aber auch Reparaturen und günstige Secondhandräder organisiert *Bikebase (Podmaniczky utca 19 | www.bikebase.hu) (Foto).*

Auf Wiedersehen

Anziehend Dass auch schrottreife Drahtesel noch Freude machen, zeigt *Recycle Mission (recyclemissionhungary.blogspot.de).* Aus alten Rädern fertigen sie Gürtel, Schmuck oder Wohnaccessoires. Kaufen kann man die Stücke im *Jelen Bisztró (Blaha Lujza tér 1–2 | Budapest).* Auf die Nase gibt es bei *Tipton (bei Prizma Optika | Bocskai utca 1 | Hódmezővásárhely) (Foto).* Das Label verkauft Sonnenbrillen aus alten Vinyls oder Filmstreifen, gratis dazu gibt es das Schallplattenetui. „Kein Müll ist guter Müll" ist nicht nur das Motto der Bewegung *Hulladékból Termék (okopack.hu/en),* die immer wieder Aktionen veranstaltet, es ist wohl auch das Motto von Angéla Thiesz aus Pécs. *Retextil (www.retextil.hu)* nennt sie das Recyceln von alten Stoffen zu Mode – sie gibt auch Workshops.

STICHWORTE

ANSTOSSEN

Biertrinker, aufgepasst: Mit Bier anzustoßen ist in Ungarn ein Fauxpas! Warum? Weil 1849, nach dem gescheiterten Freiheitskampf gegen die Österreicher, 13 Generäle auf Befehl von Kaiser Franz Joseph I. hingerichtet wurden und die Henker mit Bier feierten. Studenten stoßen heute schon mal mit dem augenzwinkernden Zusatz „Haynau soll sterben" an: Julius Jakob Haynau war der für die Exekutionen zuständige Militärbefehlshaber.

Apropos Augenzwinkern: Mit den vertrackten ungarischen Aussprachregeln werden Urlauber beim Trinken gern aufs Glatteis gelockt. *Egészségedre*, „Auf Deine Gesundheit": Diesen Trinkspruch hat der Gast schnell drauf – denkt er! Meist kommt jedoch die Aussprache von *egész seggedre* dabei heraus. Und das heißt: Auf Deinen ganzen A... Also ein Prosit auf den ganzen Allerwertesten. Eine Mordsgaudi für die Ungarn!

DONAUSCHWABEN

Donauschwaben werden die Menschen genannt, die im späten 17. und im 18. Jh. – nach der zerstörerischen Besetzung durch die Türken – von den Habsburgern nach Mittel- und Südosteuropa geholt wurden. Für den Wiederaufbau Ungarns wurden vor allem Bauern und Handwerker gebraucht. Zu den Einwanderern, die die verödeten Landstriche wieder besiedeln sollten, gehörten auch eine halbe Million Deutsche, die vor allem aus Süddeutschland stammten. Als

Zwischen Zopfstil und Zukunft: Traditionen und Individualität haben die Ungarn mit ins 21. Jahrhundert genommen

„Schwaben" galten sie alle. Nach dem Ende des Zweiten Weltkriegs wurde das Gros der Ungarndeutschen vertrieben. Heute leben etwa 130 000 Menschen in Ungarn, die sich zur deutschen Minderheit zählen.

KAFFEEHÄUSER

Budapest hatte um 1910 herum etwa 500 Kaffeehäuser, und nicht wenige wurden als Intellektuellentreffpunkte zum Mythos. Heute erlebt die schöne *kávéház*-Tradition eine Renaissance. Der Klassiker, das Kaffeehaus Gerbeaud, hat Gesellschaft bekommen: In neuem, altem Glanz erstrahlt beispielsweise das Café Centrál, und auch das berühmte New York wurde im Hotel New Palace wiedereröffnet.

Im übrigen Land sucht man jedoch meist vergeblich nach einer attraktiven Adresse, erst recht in Kleinstädten und Dörfern. Außerhalb Budapests verbreiteten sich die sogenannten Espressos *(eszpresszó)*. Hier werden, meist in einfachem Ambiente, Kaffee und belegte

Brötchen serviert. In der Hauptstadt selbst gibt es neben den traditionellen Kaffeehäusern auch zahlreiche angesagte Szenecafés.

KIRCHEN

Selbst kleine Dörfer in Ungarn haben üblicherweise zwei, nicht selten sogar drei Kirchen. Dieser Reichtum ist eine Folge der Geschichte: Nach Beendigung der türkischen Besetzung traten die Lehren Martin Luthers ihren Siegeszug an. Ende des 16. Jhs. spaltete sich die protestantische Bewegung, die vorherrschende Richtung bildeten die Calvinisten oder Reformierten. Ab Mitte des 17. Jhs. begann eine massive Gegenreformation, und die Mehrheit der Bevölkerung nahm wieder die katholische Religion an.

Um die Kirchen unterscheiden zu können, schaut man am besten auf die Turmspitze: Die katholischen und evangelischen tragen ein Kreuz, die reformierten einen Stern.

MÄNNER AM KOCHTOPF

Ein Ungar am Herd? Am heimischen gewiss nicht. Aber wenn es um Ruhm, Ehre und Preise geht, packt Ungarns Männer die Kochleidenschaft – ob bei dörflichen Sommerfesten oder beim Gulaschfestival in Budapest, bei dem auch Politiker und Diplomaten am Herd stehen. Das Kochfestival „Auf den Spuren der königlichen Köche" in Nagyszakácsi ist ein dreitägiges Volksfest mit Umzug, Musik und Historienspielen. Die Renaissance gibt den Ton an, denn in Nagyszakácsi fand der Renaissancekönig Matthias seine besten Köche.

Die Zubereitung der *halászlé* (Fischsuppe) haben die Herren der Schöpfung übrigens ganz für sich reserviert, denn sie ist die Krönung einer Passion ungarischer Männer: des Angelns.

MUSIKLEBEN

Im Land von Franz Liszt, Béla Bartók, Zoltán Kodály und des Operettenkönigs Emmerich Kálmán spielt die Musik eine große Rolle. Die Musikerziehung hat eine lange Tradition und wird intensiv gepflegt. Budapester gehen mit Begeisterung ins Theater, und die Ensembles und Solisten der großen Hauptstadtbühnen genießen internationalen Ruf. Aber auch Städte wie Pécs, Győr, Debrecen und Szeged haben hervorragende Ballett- und Opernensembles. Und von Budapest über Sopron und Győr bis Debrecen und Szeged werden renommierte Sommerfestivals veranstaltet.

PUSZTA

Das Wort „Puszta" verbreitete sich in Ungarn Ende des 17., Anfang des 18. Jhs. als Bezeichnung für die nahezu menschenleere, durch die Türkenherrschaft verwüstete Tiefebene. Es bedeutet „öde", „Ödnis". Das Wort wird aber auch in anderem Sinnzusammenhang verwendet: Rund um den Plattensee gibt es eine Reihe von Ortsbezeichnungen mit dem Wortbestandteil *-puszta,* zum Beispiel Szántódpuszta. In diesem Fall sind mit Puszta die Wirtschaftsgebäude eines Gutshofs gemeint, die in einiger Entfernung zum Dorf lagen.

SCHLÖSSER

Um die 700 Schlösser und Herrenhäuser stehen in Ungarn unter Denkmalschutz. Viele dieser Adelssitze sind mit den großen Namen der ungarischen Aristokratie verbunden. Wer von Westen kommt, sieht zum Beispiel in Nagycenk bei Sopron das Széchenyi-Schloss, im nahen Fertőd das imposante Schloss der Fürsten Esterházy und in Keszthely am Balaton das Schloss der Festetics, nahe Budapest das Schloss der Brunswick-Familie in Martonvásár und nordöstlich der

Hauptstadt das berühmte „Sisi"-Schloss Gödöllő der Grassalkovich-Familie.

SISI/SISSI

Nicht nur auf Schloss Gödöllő hielt sich die österreichische Kaiserin und ungarische Königin Elisabeth (Sisi) gern auf. Ganz Ungarn hatte es ihr – wenn man historischen Quellen und ihren eigenen Briefen Glauben schenkt – schwer angetan. Die Ungarn haben ihr das bis heute nicht vergessen und lieben sie heiß und

István, der Nachname Balogh. Beim Datum schreibt man zuerst das Jahr, dann den Monat, dann den Tag. Auch wenn Sie kein Ungarisch sprechen: Mit Deutsch oder Englisch kommen Sie auf Ihrer Reise meist sehr gut zurecht.

STAATSBANKROTT

Fast kam es Ende des vergangenen Jahrzehnts dazu – und das, obwohl Ungarn zur Jahrtausendwende noch als Musterbeispiel der wirtschaftlichen Entwick-

Barocke Pracht: Schloss Festetics in Keszthely am Südufer des Plattensees

innig. Ein müdes Lächeln, weil wir Sisi nur aus Heimatfilmen kennen, kommt also gar nicht gut an. Darum auch Sisi mit einem „s" – so nannte sie sich nämlich selbst. „Sissi" ist nur Romy Schneider.

SPRACHE

Die einzigartige ungarische Sprache gehört zur finnougrischen Sprachfamilie. Wichtig: In Ungarn wird der Familienname vorangestellt. Steht auf einer Visitenkarte Balogh István, lautet der Vorname

lung galt: Investoren rissen sich um gute Standorte und einst marode Staatsbetriebe. Doch dann kam der Einbruch, der Boom war auf Pump erkauft. Die Rechnung kam in Form von Rezession, Rekordverschuldung, Währungskrise und Inflation – noch verstärkt durch die weltweiten Finanzturbulenzen 2008. Die internationale Gemeinschaft musste Ungarn retten. Inzwischen ist die akute Gefahr gebannt, 2013 wuchs die Wirtschaft leicht, mit steigender Tendenz für 2014.

Wellnessvergnügen mit orientalischem Touch: Rudas-Thermalbad in Budapest

THERMALBÄDER

Das orientalische Flair des Rudas-Bads und des Király-Bads in Budapest zeugt von der Badekultur der Türken im 15. Jh. Sie genossen, wie schon die Römer, den Thermalwasserreichtum Ungarns. Bislang sind im Land über 1000 Thermalquellen bekannt, davon 350 mit Heilwirkung. Dieser natürliche Schatz macht Ungarn zu einem Tummelplatz für Kur- und Wellnessgäste. Das westungarische Hévíz, der bekannteste Kurort, verfügt über ein ausgezeichnetes Angebot an Kur- und Wellnesshotels. Andere Orte haben nachgezogen, in Westungarn beispielsweise Harkány, Zalakaros, Bük, Sárvár, Balf, Mosonmagyaróvár, Győr und der Höhlenkurort Tapolca. In Ostungarn ist Hajdúszoboszló der populärste Thermalkurort. Gute Bäder haben auch Debrecen und die nette Kleinstadt Gyula sowie Eger und Miskolc-Tapolca im Nordosten. An und nahe dem Fluss Theiß sind Tiszaújváros, Tiszafüred, Berekfürdő und das familiäre Tiszaörs mit Thermalwasser bzw. Thermalbädern gesegnet.

TRIANON

2010 kehrte Viktor Orbán nach acht Jahren Opposition als Regierungschef zurück. Seine erzkonservativ-nationale Fidesz-Partei gewann mehr als zwei Drittel der Sitze im Parlament – eine erdrückende Mehrheit, die er bei seiner Wiederwahl 2014 trotz leichter Verluste knapp halten konnte. Hinzu kam sowohl 2010 als auch 2014 der Wahlerfolg der Rechtsaußengruppierung Jobbik. Minderheiten, besonders die in Ungarn so zahlreich vertretenen Roma, fühlen sich bedrängt und bedroht. Orbán handelte sich mit seinem autokratischen Stil, Verfassungsänderungen und einem restriktiven Mediengesetz schnell Ärger mit der EU ein. Doch revisionistische Strömungen haben in Ungarn eine lange Tradition, seitdem das Land im Friedensvertrag von Trianon (1920) unvorstellbare zwei Drittel seines Territoriums verlor – ein bis heute traumatisches Ereignis. Orbán setzte ein Staatsbürgerschaftsgesetz durch, demzufolge die etwa 2,5 Mio.

Ungarnstämmigen, die in Rumänien, der Slowakei und der Ukraine sowie in Serbien und Kroatien leben, einen ungarischen Pass beantragen können, den sogenannten „Trianon-Pass".

Z IGEUNERMUSIK

Die „Zigeunermusik" war ein Markenzeichen Ungarns – und wird mit jedem Jahr seltener. Inzwischen beschäftigen nur noch so wenige Restaurants eine Kapelle, dass zu Recht vom Aussterben einer kulturellen Institution die Rede ist. Dabei fehlt es nicht an talentierten Musikern. Die Jüngeren – nicht wenige von ihnen tragen den Namen einer großen Musikerdynastie wie Lakatos – müssen ihre Zukunft in anderen Formationen, beispielsweise in Jazzensembles, suchen. In Kombination mit der insgesamt starken Ausgrenzung der Roma verlieren sie mit dem Verschwinden der Musikgruppen aus Restaurants und Hotels leider auch noch einen der letzten Orte gesellschaftlicher Akzeptanz.

Z IMMER FREI!

Nirgendwo auf der Welt hängen mehr Schilder mit dieser Botschaft an Gartenzäunen im ganzen Land als eben in Ungarn – und dazu meist tatsächlich in deutscher Sprache. Wer nicht gerade in der Hochsaison rund um den Plattensee unterwegs ist, findet auf diese Weise fast immer spontan und ohne Voranmeldung eine ansprechende und meist günstige Bleibe. Doch das Beste ist der persönliche Kontakt zu den Gastgebern, der kleine Einblick in ihren Alltag, das Gespräch im Vorbeigehen oder bei einem Kaffee. Meist – nicht immer – wird mehr oder weniger Deutsch gesprochen, oft sogar erstaunlich gut.

Z OPFSTIL

Dieser Begriff begleitet zahlreiche Sehenswürdigkeiten in Ungarn: sakrale Bauten wie die Große Kirche in Kecskemét, Paläste wie den Bischofspalast in Szombathely, Schlösser wie Schloss De la Motte in Noszvaj, repräsentative Bauten wie das Budapester Rathaus und viele Bürgerhäuser. In Ungarn ist der Zopfstil die dominierende Stilvariante des Barock. Hinter dem Wort steht eine gute Portion Herablassung: Die zu Beginn des 19. Jhs. geprägte Bezeichnung verweist auf die Zopfperücke des 18. Jhs., um den Stil als altmodisch zu deklassieren. Der Zopfstil ist vom Klassizismus geprägt, weist aber auch spätbarocke Elemente wie zopfförmige Blatt- und Blumengirlanden auf. Möglicherweise geht die Namensgebung auch auf diese Formensprache zurück.

ZAHLEN UND FAKTEN

Ungarn (in der Landessprache *Magyarország*) ist mit 93 030 km^2 knapp doppelt so groß wie das deutsche Bundesland Niedersachsen und hat knapp 10 Mio. Einwohner. 63 Prozent der Bevölkerung leben in den Städten, allein 1,7 Mio. Menschen in der Hauptstadt Budapest. Von Ost nach West misst Ungarn an der breitesten Stelle 526 km, von Nord nach Süd 268 km. Die zwei großen Flüsse des Landes fließen von Norden nach Süden: die Theiß *(Tisza)* mit einer Länge von 598 km und die Donau *(Duna)*, die auf ungarischem Gebiet 417 km lang ist. Ungarn ist in 19 Bezirke (Komitate) aufgeteilt.

ESSEN & TRINKEN

Die ungarische Küche könnte man rühmen als Schmelztiegel kulinarischer Einflüsse, zum Beispiel türkischer, österreichischer, deutscher, slowakischer, serbischer und kroatischer. Wer nach guten ungarischen Rezepten kocht, kann eine Fülle davon in köstliche Gerichte umsetzen.

In den ungarischen Restaurants wird glücklicherweise immer seltener nach dem Motto „Masse statt Klasse" gekocht. Es gibt eine deutliche Entwicklung hin zu mehr Qualität, allerdings weitgehend auf dem Niveau einer guten Hausmannskost. Zum klassischen Repertoire gehören vor allem die auf *pörkölt, paprikás, tokány* oder *gulyás* endenden Gerichte. Paniertes, ein Erbe der Donaumonarchie, ist in Ungarn ungemein beliebt. Und

nicht nur Fleisch kommt paniert auf den Tisch: Auch Fisch und Gemüse werden gern in Panade ausgebacken. Gewürzpaprika und Paprikahuhn, Gulaschsuppe und das Nationalgericht Kesselgulasch: Diese typischen Speisen sind in der Großen Tiefebene beheimatet, dem Land der Puszta. Die Zwiebel- und Knoblauchhochburg des Landes ist die Region um Makó. Und so wundert es wenig, dass man hier Gerichte wie „Gefüllte Zwiebeln nach Makóer Art" erfand.

Zahlreiche ungarische Gerichte sind mit den Namen prominenter Künstler oder Köche verbunden. So gibt es eine Bohnensuppe „à la Jókai", benannt nach dem Romancier Mór Jókai, und die Gundel-Palatschinken, die den Namen des berühmten Kochs Johann Gundel

Paprika, Pörkölt und Palatschinken: Ob herzhaft oder süß – bei guter Zubereitung sind ungarische Gerichte ein Gedicht

(1844–1915) tragen. Palatschinken finden sich auf jeder Speisekarte bei den Desserts. Neben der *Gundel-palacsinta* (mit einer Füllung aus Walnüssen, Orangeat, Rosinen und einem Schokoladenguss) besonders beliebt sind *almás palacsinta* (mit Äpfeln), *ízes palacsinta* (mit Marmelade) und *túrós palacsinta* (mit Quarkfüllung). Als Vorspeise sind Suppen sehr gefragt, nicht zuletzt süße aus Früchten wie Sauerkirsche oder Apfel.

In den ungarischen Wäldern gibt es Wild in großer Zahl, vor allem in den Do-nauknie-Gebirgen Börzsöny und Pilis sowie den Mittelgebirgen Mátra und Bükk. Im Bükk-Gebirge werden auch die besten frischen und geräucherten Forellen serviert; sie stammen aus den Fischzuchten am Fluss Szalajka. Nordöstlich von Budapest liegt die Heimat der Palozen; ihre Küche hat Köstlichkeiten wie die *Palozer Lammsuppe* hervorgebracht. Wo immer Sie einen Hinweis auf Siebenbürgener Küche sehen: Sie hat einen ausgezeichneten Ruf und ist allemal einen Versuch wert.

SPEZIALITÄTEN

▶ **bográcsgulyás** – Kesselgulasch, über dem offenen Feuer zubereitet

▶ **dobos-torta** – sechsschichtige Biskuittorte mit Schokoladenbuttercreme und Karamellglasur, benannt nach dem berühmten Konditor József Dobos

▶ **Esterházy-rostélyos** – Roastbeefscheiben, in Gemüsesud geschmort

▶ **gesztenyepüré hagyományos módon** – Kastanienpüree, eine beliebte Süßspeise, als Dessert mit Sahne

▶ **halászlé** – kräftig gewürzte Fischsuppe aus mehreren Fischsorten, z. B. Karausche, Barsch und Karpfen (Foto li.)

▶ **lángos** – Fladen aus Hefeteig in vielen Variationen, z. B. mit Kraut, Schafskäse, Schinken oder Dill, beliebter Snack

▶ **lecsó** – eine Art Eintopf aus Tomaten, Paprikaschoten und Zwiebeln

▶ **palacsinta** – dünne, gefüllte Pfannkuchen in vielen Variationen

▶ **paprikás csirke** – Huhn mit Paprikasauce, meist mit Nockerln serviert

▶ **pörkölt** – ein Fleischgericht mit Paprikaschoten und Tomate, entspricht dem deutschen Gulasch (Foto re.)

▶ **pogácsa** – Pogatschen. Das runde, salzige oder süße Kleingebäck sollte warm gegessen werden

▶ **rántott karfiol** – Blumenkohlröschen, in Semmelbröseln gewälzt und in Öl frittiert, als Vorspeise mit Sauce Tatar

▶ **rántott sertésborda** – Schweinekoteletts, paniert und in Öl gebraten

▶ **sör** – das Wort, das sich Biertrinker merken sollten (ausgesprochen: *schör*)

▶ **szarvasgulyás** – Hirschgulasch, z. B. mit Knoblauch, Kartoffeln und Wurzelgemüse

▶ **túrós rétes** – Quarkstrudel, frisch aus dem Ofen besonders köstlich. Strudel gibt's mit vielen Füllungen, z. B. als Sauerkirsch-, Walnuss- oder Mohnstrudel

▶ **újházi tyúkhúsleves** – klare Hühnersuppe mit viel Fleisch, Gemüse und Nudeln, benannt nach dem Schauspieler Ede Újházy

Eine Spezialität Transdanubiens ist der *fogas,* der edle Balaton-Zander – eine Art, die nur im Plattensee vorkommt. Am besten schmeckt er als ganzer Fisch vom Grill. Auch der *Esterházy-Rostbraten* ist in Transdanubien zu Hause. Den Feinschmeckern Miklós und Pál Esterházy (18. und 19. Jh.) verdanken etliche Gerichte den Zusatz „à la Esterházy". Eines der beliebtesten Sauerkrautgerichte, das *Székler*

Gulasch, soll der Archivar József Székely als Resteessen erfunden haben, als er nur noch ein wenig Gulasch und Sauerkraut im Haus hatte.

Internationalität beschränkt sich in Ungarn, von Budapest einmal abgesehen, weitgehend auf Pizzerias und Fastfoodketten. Eine Ausnahme: Während überall in Europa der Döner Kebap seinen Siegeszug ungehindert fortsetzt, wird in Ungarn immer noch gern und häufig seine „griechische Schwester", das Gyros im Brot angeboten. Besonders in den größeren Städten steht es in seiner Beliebtheit weder den Hefeteigfladen *langós* noch den Palatschinken nach.

Gaststätten und Restaurants heißen *vendéglő* bzw. *étterem.* Sie sind in drei Qualitätsstufen eingeteilt, aber das muss nicht viel bedeuten. Eine *csárda* ist ein bescheidenes Dorfgasthaus, in dem das Essen aber durchaus besser sein kann als anderswo. Im traditionell einfachen *eszpresszó* gibt es zum Beispiel Getränke und belegte Brötchen. Der gängigen Vorstellung von einem Café entsprechen die *cukrászda* (Konditorei) und das *kávéház* (Kaffeehaus).

Ungarns Weine werden immer besser, und das Land ist gespickt mit Weingütern. *Fehér bor* ist der Weißwein, *vörös bor* der Rotwein. Ein trockener Wein trägt die Bezeichnung *száraz,* ein halbsüßer *félédes.* Berühmt ist der Tokajer, der in der Region Tokaj-Hegyalja eine Renaissance erlebt. Besonders gut ist der süße *Tokaji aszú,* den es in Qualitätsstufen von drei bis sechs Bütten *(puttony)* gibt. Der wohl bekannteste Rotwein ist Erlauer Stierblut aus Eger und Szekszárd. Gute Rotweine kommen zunehmend aus der Region Szekszárd. Am Balaton ist Badacsony ein gutes Weinanbaugebiet. Zur Weinregion Balatonfüred-Csopak gehört auch die Halbinsel Tihany. Das Zentrum des Anbaugebiets Dél-Balaton am Südufer erstreckt sich von Balatonboglár bis Fonyód. Ungarns südlichstes Weinanbaugebiet ist Villány-Siklós, in dem einige der besten Weingüter liegen. Eine Besonderheit der Region ist die Rebsorte Lindenblättriger (Hárslevelű). Sopron in Westungarn ist ein weiteres traditionelles Anbaugebiet. Der fruchtige Kékfrankos (Blaufränkische) aus Sopron ist ein Tipp für Freunde trockener Rotweine.

Hier lagert einer der berühmtesten Weißweine der Welt: Rákóczi-Keller in Tokaj

EINKAUFEN

Alle Regionen Ungarns besitzen ihre eigenen kunsthandwerklichen Traditionen und halten unter anderem ein vielfältiges Angebot an Keramik bereit. Märkte *(vásárok)* sind nicht mehr ganz so häufig zu finden wie vor Jahren, aber es gibt sie noch. Von Kunst über Kitsch bis zu Praktischem wird hier alles feilgeboten, und es gilt: Erst genau prüfen, dann kaufen. So mancher Markenturnschuh hat sich schon als Billigimport entpuppt und manche handgestickte Decke als „made in Taiwan". Echtes Kunsthandwerk wird vielfach nur in Spezialgeschäften angeboten.

KULINARISCHES

Wer sich zu Hause geschmacklich an Ungarn erinnern möchte, kann sich dafür mit guten Zutaten eindecken. Dazu gehören die ideal zum Kochen geeignete Paprikapaste in Gläschen, scharf und süßlich, Paprikapulver aus Kalocsa und Szeged – den Hochburgen des Paprikaanbaus – oder sauer Eingelegtes wie Zwiebeln, Tomaten und Paprika, zumeist dekorativ in Gläsern arrangiert. Köstlich sind auch ungarische Räucherwürste wie *Gyulaer* und *Csabaer* mit ihrem typischen Aroma aus Paprika, Pfeffer, Kümmel und Knoblauch. Zu den Topdelikatessen gehören Gänseleberprodukte wie Gänseleberparfait oder Gänseleber naturel.

OBSTBRÄNDE & MAGENBITTER

Pálinka heißen die ungarischen Schnäpse, und das Land hat einige wirklich gute hervorgebracht. Ein Klassiker ist der Aprikosen-Obstschnaps *(barack-pálinka)*, aber die Spitzenbrennereien bieten auch viele ungewöhnliche Sorten. International prämiierte Destillerien sind zum Beispiel die *Brennerei Agárd (Agárdi Pálinkafözde | www.agardi.hu)* in Agárd am Velence-See und die *Zimek Manufaktúra (www.palinka.info)* in Zamárdi am Balaton-Südufer, in der Sie beim Brennen zuschauen können. Brände aus allen Teilen Ungarns gibt es in Budapest im *Pálinka-Haus (Rákóczi út 17)*. Eine weitere Spezialität ist der traditionelle Magenbitter *Zwack Unicum*. Erstmals gemixt hat ihn Dr. Zwack, Hofarzt des österreichischen Kaisers Joseph II.

PORZELLAN & KERAMIK

Schöne Mitbringsel sind Porzellan und Keramik. Die *Porzellanmanufaktur He-*

Kunst, Kitsch, Köstlichkeiten: Zum Kauf verführen vor allem Salami, Schnäpse und das schöne Kunsthandwerk

rend (www.herend.com) ist fast so berühmt wie die in Meißen. Für alle, die den modernen Landhausstil lieben: In Herend wird auch handbemalte Keramik hergestellt, und das zu erschwinglichen Preisen. Einen Kaffeebecher gibt es schon für etwa 5 Euro. Herend-Keramik (Herendi Majolika | www.herendmajolika. hu) gibt es in zahlreichen Formen und Farben.

Ebenfalls bekannt ist das Zsolnay-Porzellan (www.zsolnay.hu) mit Formen und Dekoren im Stil der Sezession.

SALAMI

Salami ist zu Recht das beliebteste ungarische Souvenir. Ihr Erfinder: Márk Pick aus Szeged an der Theiß. Er nannte die Wurst téliszalámi (Wintersalami), weil sie – noch bis Mitte des 20. Jhs. – nur von Oktober bis März hergestellt wurde, denn beim Reifeprozess spielte die vom Fluss aufsteigende Kühle eine wichtige Rolle. Für manchen Geschmack

fast noch köstlicher ist eine ungarische Paprikasalami – und zwar die scharfe.

STICKEREIEN

Eine große Auswahl haben Sie auch auf einem speziellen Gebiet der Volkskunst: bei Stickereien. Berühmt sind Kalocsa- und Matyó-Stickereien, die bunten Auflegestickereien aus Buzsák sowie die Weißstickerei.

WEIN

Weine aller namhaften ungarischen Winzer können Sie in Budapest auf dem Burgberg probieren: im Haus der ungarischen Weine (Magyar Borok Háza | bei der Touristeninformation | Szentháromság tér 6 | www.winehaus.hu). Ein architektonisches Juwel ist das **INSIDER TIPP** Haus der Balaton-Weine (Blaha Lujza utca 5) in Balatonfüred. Dort werden die Weine in einer wunderschön restaurierten Villa präsentiert.

DIE PERFEKTE ROUTE

KILOMETER NULL IN DER HAUPTSTADT

In ❶ *Budapest* → S. 62, an der Standseilbahn hinauf zur Altstadt von Buda, wird offiziell verkündet, dass es sich hier um den Nullpunkt des Landes handelt – das Maß aller Dinge, wenn Entfernungen in Ungarn berechnet werden. Hier kann die perfekte Autoroute beginnen, die bei entsprechend hohem Zeitaufwand auch per Bus und Bahn oder im Extremfall per Fahrrad bewältigt werden kann.

ÜBER DER KRUMMEN, BLAUEN DONAU

Von Budapest geht es in die historische Altstadt von ❷ *Szentendre* → S. 70 mit dem renovierten Hauptplatz in der Mitte. Nach einem Besuch im Margit-Kovács-Museum fahren Sie weiter nach ❸ *Visegrád* → S. 72, bestaunen den König-Matthias-Palast (Foto li.) zu ebener Erde und die phantastische Aussicht von der Burg hoch über der Donau, die Sie am besten zu Fuß auf schönen Wanderwegen erklimmen. Nur eine kurze Strecke und eine große Flussbiegung weiter lassen Sie die gewaltige Basilika von ❹ *Esztergom* → S. 69 auf sich wirken. Vielleicht haben Sie unterwegs noch die Donauseite gewechselt und die Altstadt von Vác besichtigt.

ALTSTADTIDYLL IM WESTEN

Von Esztergom erreichen Sie bequem und schnell ❺ *Győr* → S. 32 mit seinen zahlreichen Kulturschätzen. Über das Kloster von Pannonhalma, Schloss Esterházy und den Neusiedler See (am besten mit kleinem Bootsausflug) geht es in die Altstadt von ❻ *Sopron* → S. 47. Hier probieren Sie den Blaufränkischen, um am nächsten Morgen gestärkt ❼ *Kőszeg* → S. 38 zu besuchen, die kleine Schwester Soprons, und anschließend im kleinen, naturbelassenen und recht einsamen ❽ *Nationalpark Őrség* → S. 40 tief Luft zu holen.

ANS UNGARISCHE MEER

In östlicher Richtung lockt der ❾ *Balaton* → S. 56 zu einem Zwischenstopp und zu Fahrradtouren, Boots- oder Bahnrundreisen, zum Beispiel einer halben Umrundung des Sees mit Schifffahrt von der Halbinsel Tihany.

MOSCHEEKIRCHE & JUGENDSTIL

Vom Balaton bewegen Sie sich südlich bis ❿ *Pécs* → S. 43 mit seinen türkischen Spuren, mit einer aktuellen und einer ehemaligen Moschee, die jetzt als christliche Kirche dient. Vorbei an Weingebieten und

Erleben Sie die vielfältigen Facetten Ungarns von Nord über West nach Ost und zurück mit Donaublick, Puszta-Weite und Weinproben

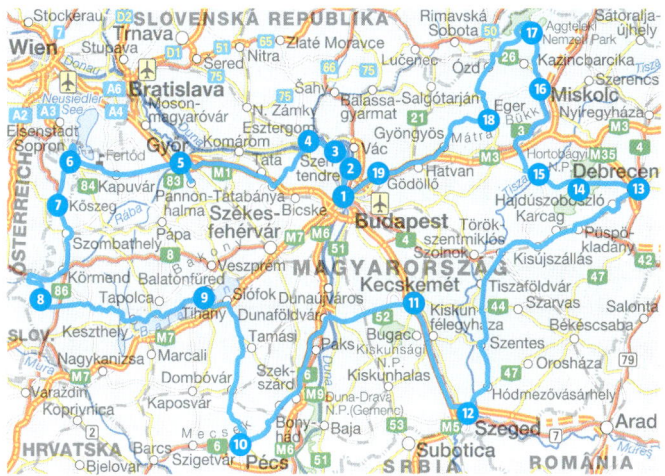

über das kleine, feine **11** *Kecskemét* → S. 81 mit seinem Jugendstilschmuck geht es in die Salami- und Paprikastadt **12** *Szeged* → S. 83.

LEERE VOLLER EINDRÜCKE

Schon bald ist die Tiefebene erreicht, also die berühmte Puszta, die spannende Einöde. Sie bewundern die calvinistische Großkirche in **13** *Debrecen* → S. 74, essen in **14** *Hortobágy* → S. 78 Palatschinken auf Hortobágy-Art (mit Gulaschfüllung) und runden den Trip ab mit dem Erholungsparadies **15** *Theiß-See* → S. 99 (Foto li. u.).

STAUNEN UND PLANSCHEN IN URALTEN HÖHLEN

Weiter führt die Route steil nach Norden, durch **16** *Miskolc* → S. 93 mit seinem einzigartigen Höhlenthermalbad und zu den unterirdischen Systemen von Aggtelek mit der **17** *Baradla-Höhle* → S. 94.

WEIN, BERG & GESANG

Durch die herausragende Wein- und Bischofsstadt **18** *Eger* → S. 86, über Hügel, Berge und das Lieblingsschloss der Kaiserin Sisi, **19** *Schloss Gödöllő* → S. 68 (vielleicht aus Anlass eines Konzerts dort), kehren Sie nach Budapest zurück.

1700 km. Empfohlene Reisedauer: mindestens 14 Tage
Detaillierter Routenverlauf auf dem hinteren Umschlag, im Reiseatlas sowie in der Faltkarte

TRANSDANUBIEN

Schöne Städte, Schlösser und Weinlandschaften bestimmen den Reiz aller Teilregionen Transdanubiens, des Landes jenseits der Donau.

Im Hügelland des Südens mit dem 700 m hohen Mecsek-Gebirge ist Pécs das städtische Zentrum. Im Nordwesten, nahe Sopron, reichen die Alpenausläufer bis in 558 m Höhe. Weiter östlich, nach Veszprém hin, dominieren die Bakony-Hügel und der Plattensee das Bild.

GYŐR

(129 D3) *(ᗰ D–E5)* **Drei Flüsse (Donau, Rába und Rábca) und eine 1000-jährige Geschichte als Bischofssitz prägen das barocke Zentrum der Stadt.**

Győr hat 128 000 Einwohner und liegt 120 km westlich von Budapest.

SEHENSWERTES

BISCHOFSBURG (PÜSPÖKVÁR)

Am *Domkapitelhügel (Káptalandomb)* ziehen sich die Basteien vom Fluss Rába den Hügel hinauf. Mit ihrem Bau begannen italienische Festungsmeister 1537. Ihr heutiges Erscheinungsbild verdankt die Burg dem Bischof Ferenc Graf Zichy (18. Jh.).

LIEBFRAUENDOM (SZÉKESEGYHÁZ)

Der gegenüber der Bischofsburg gelegene Dom hat eine fast 1000-jährige Baugeschichte. Im 18. Jh. gab Bischof Ferenc Zichy den Umbau im barocken Stil in

Bild: Villány

Eine Schatzkammer der Kultur: An Vielfalt und Faszination ist Ungarns Westen nicht zu überbieten

Auftrag. Der österreichische Maler Franz Anton Maulbertsch (1724–96) schuf die Fresken, die Tafelbilder und das Altargemälde. An der Südseite liegt die Ende des 14. Jhs. erbaute gotische Kapelle mit dem Reliquienschrein des hl. Ladislaus und dem Grabmal des Märtyrerbischofs Vilmos Apor (1892–1945). Er wurde erschossen, weil er Frauen, die in die Bischofsburg geflüchtet waren, vor Übergriffen durch russische Soldaten schützen wollte. *Tgl. 8–12 und 14–18 Uhr | Káptalandomb*

IMRE-PATKÓ-SAMMLUNG (PATKÓ IMRE GYŰJTEMÉNY)

Zu sehen ist bildende Kunst des 20. Jhs., dazu Kunst aus Afrika und aus anderen Teilen der Welt. *April–Sept. Di–So 10–18 Uhr, Okt.–März 10–16 Uhr | Széchenyi tér 4 | im Eisenstock-Haus (Vastuskós-ház)*

RATHAUS (VÁROSHÁZA)

Das Rathaus von Győr ist ein monumentaler Bau im neobarocken Stil, überragt von einem 60 m hohen Turm. *Szent István út*

Die Karmeliterkirche am Wiener-Tor-Platz in Győr

SZÉCHENYI TÉR

Der Széchenyi-Platz ist das Herz der alten Bürgerstadt. In der Mitte erhebt sich die barocke Mariensäule. Die Fresken in der *St.-Ignatius-Kirche* und das Bild des Hochaltars schuf der Barockmaler Paul Troger im Jahr 1744.

WIENER-TOR-PLATZ
(BÉCSI KAPU TÉR)

Schöne Paläste im Barock- bzw. Zopfstil sind das *Altabak-Haus* (Nr. 12) und das um 1780 für den Bischof Ferenc Zichy errichtete *Ott-Haus* (Nr. 13). Die *Karmeliterkirche (Karmelita templom)* entstand 1721.

JÁNOS-XÁNTUS-MUSEUM

Das in einem barockzeitlichen Bau untergebrachte Museum präsentiert mehrere Ausstellungen, beispielsweise zur Geschichte der Stadt. *Di–So 10–18 Uhr | Széchenyi tér 5*

ESSEN & TRINKEN

BELGIAN BEER

Hinter der weißen Fassade des Traditionshotels Rába liegt dieses Caférestaurant mit dem Charme eines Bistros aus dem frühen 20. Jh., belgischer Bierkultur und belgischer Küche. *Arpád út 34 | Tel. 96 88 94 60 | www.belgianbeercafe.hu | €€*

BERGMANN CUKRÁSZDA

Eine der besten ungarischen Konditorenfamilien betreibt dieses Café im Esterházy-Palais in der Fußgängerzone. Zu den süßen Spezialitäten gehören *Francia krémes* und *Rákóczi túros. Király utca 17 und Attila utca 31 | bergmanncukraszda gyor.hu*

PATIO

Mit überdachtem Innenhof, Restaurant, Café und einem Stand für *lángos* und Palatschinken. *Baross Gábor utca 12 | Tel. 96 31 00 96 | www.patio.hu | €*

SCHWEIZERHOF

Das Restaurant gehört zum gleichnamigen kleinen, hochklassigen Hotel (32 Zi.). *Sarkantyú köz 11–13 | Tel. 96 512358 | www.schweizerhof.hu | €€€*

ÜBERNACHTEN

FONTE

In der Nähe des Theaters liegt dieses schön restaurierte Hotel aus der Zeit der Wende zum 20. Jh. *29 Zi. | Schweidel utca 17 | Tel. 96 513810 | www.hotelfonte.hu | €€*

KLASTROM

Das Hotel bietet 40 Zimmer in einem renovierten Karmeliterkloster aus dem 18. Jh. Mit Restaurant und Innenhof. *Zechmeister utca 1 | Tel. 96 516910 | www. klastrom.hu | €€–€€€*

SZÉL FIAI FOGADÓ

Ein urgemütliches Landgasthaus mit bester regionaler Küche und viel Komfort (Tennisplätze, Pool, Sauna). Das Szél Fiai liegt 12 km von Győr entfernt wunderschön am Ende eines Waldwegs mit Weinkellern. *9 Apartments, 4 Zweibettzi. | Vaskapu 71 | Nyúl | Tel. 96 540015 | www.winecellarinn.hu | €*

FREIZEIT & SPORT

Am Ufer der Rába liegt das *Erlebnisund Thermalbad Rába-Quelle (So–Do 9–20, Fr/Sa 9–21 Uhr | Fürdő tér 1 | www.rabaquelle.hu)* mit seinen Kur-, Wellness- und Spaßangeboten. Zum **INSIDER TIPP** Saunagarten gehört eine Salzhöhle.

AUSKUNFT

Tourinform | Baross Gábor utca 21–23 | Tel. 96 311771 | turizmus.gyor.hu

ZIELE IN DER UMGEBUNG

MOSONMAGYARÓVÁR UND KLEINE SCHÜTTINSEL (SZIGETKÖZ)

(128 C2) (*Ø D4*)

Mosonmagyaróvár (32000 Ew., *www. mosonmagyarovar.hu*), die Stadt, in der sich der Fluss Lajta mehrfach verzweigt, liegt 38 km von Győr und nur 10 km von der österreichischen Grenze entfernt. Sie ist das städtische Zentrum des Naturschutzgebiets *Kleine Schüttinsel (Szigetköz),* das von der Donau und ihren Altarmen gebildet wird. Die artenreiche Wasser- und Auenlandschaft ist ein Paradies für Natururlauber (Reiten, Radtouren und Wassersport, wie z. B. Kanu- und Kajakfahren).

In Mosonmagyaróvár sehenswert sind unter anderem die *Alte Burg (Óvár)* und die Barockhäuser in der *Hauptstraße (Fő*

⭐ **Pannonhalma**
Die mächtige Abtei südlich von Győr ist schon von Weitem zu sehen
→ S. 36

⭐ **Kőszeg**
Die zauberhafte Kleinstadt mit ihrer Burganlage und der alten Stadtmauer ist ein mittelalterliches Juwel
→ S. 38

⭐ **St.-Maria-Kirche/ Moschee Kassim Ghasi**
Prachtvoller Moscheebau aus dem 16. Jh. und Wahrzeichen von Pécs: die Innerstädtische Pfarrkirche
→ S. 45

⭐ **Fő tér von Sopron**
Rund um diesen Platz mit Feuerturm und barocker Dreifaltigkeitssäule, Arkaden und Museen wird Architekturgeschichte lebendig
→ S. 48

⭐ **Schloss Esterházy**
Das „ungarische Versailles" der Fürsten Esterházy. Im Sommer finden hier musikalische Events statt
→ S. 50

⭐ **Burgviertel**
In schöner Höhenlage zu bewundern: Kirchen und Paläste in Veszprém
→ S. 54

MARCO POLO HIGHLIGHTS

utca). Das schönste ist das INSIDER TIPP *Cselley-Haus (Cselley ház | Mai–Sept. Di–So 10–18 Uhr, sonst 11–17 Uhr | Fő utca 19)* mit der wertvollen Sammlung des Arztehepaars Gyurkovich, zu der Gemälde aus dem 18./19. Jh., Porzellan und Möbel gehören.

Mosonmagyaróvár hat sich zu einer Hochburg des Zahntourismus entwickelt (*www.die-endverbraucher.de*). Das *Thermalbad Flexum (Kolbai utca 10 | www.flexumrt.hu)* wurde modernisiert und um ein Erlebnisbad erweitert. Am Flussufer liegt das Hotel *Lajta Park (24 Zi., 14 Apart-*

Die Abtei von Pannonhalma ist Ungarns bedeutendstes Kloster

ments | Kórház utca 6 | Tel. 96 20 70 88 | www.hotellajtapark.hu | €€€), das Hotel des Thermalbads ist das *Thermal Hotel (46 Zi., 1 Apartment | Kolbai utca 10 | Tel. 96 20 68 71 | www.thermal-movar.hu | €€€). Szigetköz Camping (Kimle Novák-puszta | Iskola utca 2/1 | Tel. 30 9 05 05 00 | www.szigetkoz-camping.hu)* ist ein Campingplatz auf der Schüttinsel, angenehm am Wasser gelegen.

20 km weiter Richtung Donau liegt *Lipót,* dessen parkähnliches *Thermalbad* um ein großes INSIDER TIPP Erlebnisbad mit Rutschenpark erweitert wurde. Außerdem neu eingerichtet wurde ein ordentlicher Campingplatz mit freiem Zugang zum Thermalbad für Gäste. Nahe dem Bad befindet sich das Wellnesshotel *Orchidea (31 Zi. | Rákóczi utca 42–44 | Tel. 96 67 40 42 | www.orchideahotel.hu | €€€).*

Nur 4 km weiter erreichen Sie das Renaissanceschloss *Hédervári (Mai–Sept. geöffnet | 14 Zi., 4 Suiten | Fő utca 47 | Tel. 96 21 34 33 | www.hedervary.com | €€€).*

PANNONHALMA ★ ☼
(129 D3) (𝄞 E5)

20 km südlich von Győr thront weithin sichtbar auf einem 282 m hohen Hügel Ungarns bedeutendstes Kloster, die *Benediktinerabtei Pannonhalma (Mai tgl. 9–16, Juni–Sept. 9–17 Uhr, 21. März–April und Okt.–11. Nov. Di–So 9–16, 12. Nov.–20. März 10–15 Uhr | Infos zu Führungen Tel. 96 57 01 91 | www.bences.hu).* Das Bauwerk, 996 begonnen, ist beeindruckend, auch wenn der größte Teil der Anlage aus dem 19./20. Jh. stammt. Vom Urklöster blieben nur eine Kirche und die Krypta erhalten. Einzigartig ist der Prunksaal der Bibliothek (250 000 Bände). Tipp: Sie können auch an den günstigeren und häufigeren INSIDER TIPP Führungen auf Ungarisch teilnehmen und erhalten ein deutsches Faltblatt mit

dem Inhalt. Ohne Führung zu besichtigen sind die Kapelle, der botanische Garten, der Park, der Aussichtsturm und die Ausstellung Sakralarchitektur. Das Kloster kann auch individuell mit einem Audioguide besichtigt werden.

Einfache, sehr günstige Übernachtungen (auch Einzel- und Doppelbetten) finden Sie im Pilgerhaus des Klosters, dem *Jakobshaus (Tel. 96 57 02 52 | www. szentjakabhaz.hu | €)*, das in zwei Minuten mit dem Auto oder in 20 Minuten zu Fuß erreichbar ist. Auch das Klosterrestaurant *(www.viator.co.hu | €€)* ist durchaus ansprechend, aber nicht ganz so günstig.

HARKÁNY

(135 F6) *(* *F11)* **Das ruhige und beschauliche Harkány hat nur 3600 Einwohner. Dass es viele Besucher anzieht, liegt an dem erstklassigen Thermalwasser.**

Das Kur- und Erlebnisbad liegt in einem ausgedehnten Park und ist das Herzstück des Orts. Kurort ist Harkány schon seit dem 19. Jh. Die abwechslungsreiche Umgebung lädt zu Ausflügen und Weintouren ein.

ESSEN & TRINKEN

TENKES CSÁRDA
Ungarische Küche, Zigeunermusik, Villányer Weine: Dieses Gasthaus setzt auf gute Stimmung und Hausmannskost. *Csarnota Kültelek (an der Straße 58) | Tel. 72 42 40 57 | €€*

ÜBERNACHTEN

AMETISZT HOTEL
Ein kleines Hotel in ruhiger Lage (250 m vom Thermalbad entfernt) mit Restaurant. Das Haus bietet Zimmer mit Parkettböden und Terrasse oder Balkon zum Garten hin. *27 Zi. | Szent István utca 26–28 | Tel. 72 27 93 39 | www.harkany-hotel.de | €–€€*

LIDIA APPARTEMENTHOTEL
Die gepflegte Anlage mit Restaurant und Innenhof liegt nur 200 m vom Thermalbad entfernt. *37 Zweibettapartments | Kossuth Lajos utca 49 | Tel. 72 47 97 40 | www.lidiahotel.hu | €*

THERMAL HOTEL HARKÁNY
Das Hotel hat einen großen, überdachten Pool, eigenes Thermalwasser, gute Therapieeinrichtungen und ein Restaurant mit Terrasse. *131 Zi. | Járó utca 1 | Tel. 72 58 08 10 | www.thermalhotelharkany. eu | €€€*

FREIZEIT & SPORT

Das *Thermalbad (tgl. 9–18 Uhr | Kossuth Lajos utca 7 | www.harkanyfurdo.hu)* ist auch ideal für Familien geeignet. Zu den Wasserlandschaften gehören unter anderem fünf Open-Air-Becken.

AUSKUNFT

Tourinform | Kossuth Lajos utca 7 | Tel. 72 81 59 10 | www.turizmus.harkany.hu

ZIELE IN DER UMGEBUNG

DONAU-DRAU-NATIONALPARK (DUNA-DRÁVA NEMZETI PARK)
(136 B6) *(* *G11)*

Südlich von Harkány, entlang der Grenze zu Kroatien, fließt die Drau (Dráva). Nach Osten hin (40 km von Harkány) erstreckt sich der Nationalpark mit seinen faszinierenden Uferlandschaften.

Ans Ufer der Drau gelangen Sie, wenn Sie einige Hundert Meter vor dem Grenzübergang *Drávaszabolcs* nach rechts abbiegen (beschildert). Das neue *Besucherzentrum (Dráva Kapu | Barcs-Drávaszentes | Fő utca 1 | Tel. 82 46 12 85 | www. ddnp.hu)* beherbergt eine Ausstellung und hat auch zwei Zimmer für Übernachtungen. Man kann begleitete Touren buchen oder ins *Grill Café* einkehren. Auf einem **INSIDERTIPP** Hof nahe dem Zentrum sind typische ungarische Tierrassen zu sehen, wie zum Beispiel Zackelschafe und Mangalica-Schweine.

Zu empfehlen ist eine *Schiffstour auf der Drau (Anmeldung in Harkány bei Tour Chance | Táncsics utca 54/a | Tel. 72 48 02 72 | Informationen auch auf www. vizitanzmus.hu)*. Es werden Promenadenschifffahrten (Dauer ca. eineinhalb Stunden) veranstaltet, auch mit Programm wie Weinprobe oder Gulaschparty.

PALKONYA (136 A6) (*Ⓜ F11*)

Dieses Weindorf (370 Ew., 23 km nordöstlich von Harkány) mit 60 Kelterhäusern aus dem 18. Jh. und einer Rundkirche hat sich zu einem Schmuckstück entwickelt und und trug sogar schon den Titel „Europäisches Kulturdorf". Mitten im Ort liegt ein schöner donauschwäbischer Bauernhof, das **INSIDERTIPP** *Schwalbenhaus (Fecskeház Fogadó | 2 Zi., 1 Apartmenthaus | Fő utca 76 | Tel. 20 3 17 61 65 | www.palkonyha.hu | €)*. Mehrere Gebäude umgeben einen Innenhof, an den sich ein großer Garten anschließt. www.palkonya.hu

SIKLÓS/SIKLÓS-MÁRIAGYŰD
(135 F6) (*Ⓜ F11*)

Zu sehen gibt es in Siklós (5 km von Harkány) das mächtige *Burgschloss (Vár | Mai/Juni tgl. 9.30–18 Uhr, Juli/Aug. bis 19 Uhr, Sept.–April Di–So 9.30–17.30 Uhr | Vajda János tér 8)*. Das Herz des Marienwallfahrtsorts Siklós-Máriagyűd (9 km von Harkány) ist die im 18. Jh. erbaute

doppeltürmige *Barockkirche (Máriagyűdi Kegytemplom | im Sommer tgl. 8.30–18.30 Uhr, im Winter 9–16.30 Uhr, für Pilger immer nach Anmeldung | Vujisics utca 66 | Tel. 72 5790 00 | gyudpleb @t-online.hu). Auskunft: Tourinform Siklós (in der Burg) | Vajda János tér 8 | Tel. 72 57 90 90 | siklos@tourinform.hu*

VILLÁNY-SIKLÓS (136 A6) (*Ⓜ F11*)

Diese Weinregion gehört zu den besten des Landes. Entlang der Weinstraße *(www.borut.hu)* geht es von Villány in nordwestlicher Richtung nach Villánykövesd und Palkonya. In Villány erzählt das *Weinmuseum (Bor Múzeum | Di–So 9–17 Uhr | Bem utca 8)* die Geschichte des Weinanbaus. Hier sind mehrere „Winzer des Jahres" zu Hause. Spitzenplätze nehmen auch die Weingüter Bock und Attila Gere ein. *Bock Pension & Restaurant: Batthyány utca 15 | Tel. 72 49 29 19 | www. bock.hu | €€*. Zum Weingut Gere gehört das Hotel *Crocus (24 Zi. | Diófás tér 4–12 | Tel. 72 49 21 95 | www.gere.hu | €€)* mit einer Weinbar, dem Restaurant *Mandula* und einem Delikatessengeschäft (hausgemachte Pasteten, Marmeladen, Salami und andere Spezialitäten). Fürs körperliche Wohlgefühl sorgen ● vinotherapeutische Beauty- und Entspannungsbehandlungen im Hotelspa. Alle Winzer bieten Weinproben an, auf Anmeldung auch mit Essen. *www.villany.hu*

KŐSZEG

(128 A4) (*Ⓜ B6*) ⭐ **Die mittelalterliche Kleinstadt ist ein Schmuckstück. Die Altstadt mit der Burg umgibt der Várkör, die einstige Stadtmauer.**

Im Schutz der Burg entwickelte sich eine Stadt (heute 12 000 Ew.), die rund um den Jurisics-Platz in all ihrer Schönheit wiederbelebt ist.

SEHENSWERTES

APOTHEKENMUSEUM (PATIKAMÚZEUM)

Die große historische Apotheke, eine Gründung der Jesuiten, hat schöne Fresken und eine beeindruckende Einrichtung. Zu sehen ist auch ein Heilkräutergarten. *Di–So 9–17 Uhr | Jurisics tér 11*

ein kleiner Marzipanladen. *Rájnis József utca 9 | www.jurisicsvar.hu*

JURISICS TÉR

Auf dem Jurisics-Platz steht neben der gotischen *Jakobskirche* von 1404 die *St.-Emmerich-Kirche.* Das nur sechs Bankreihen kleine Kirchenschiff kontrastiert mit drei beeindruckenden Barockaltären. Das Hochaltarbild (1805) malte Stephan

Groß, stark und trutzig: Die Burganlage in Kőszeg war ein mittelalterliches Bollwerk

BURGANLAGE (VÁR)

Während der Türkenkriege war die Kőszeger Burg ein Bollwerk zum Schutz Wiens und konnte im Jahr 1532 mit 1000 Mann gegen Zehntausende Türken verteidigt werden. Ein Flügel der massiven Anlage, in die Sie über eine gepflasterte Brücke gelangen, ist noch in Teilen im Renaissancestil erhalten, zwei Flügel wurden nach einem Brand im Barockstil wiederaufgebaut. Das *Burgmuseum (Di– So 10–17 Uhr)* zeigt eine Ausstellung zur Geschichte der Stadt. Am Eingang lockt

Dorffmeister d. J., das Tafelbild „Mariä Heimsuchung" ist ein Werk von Franz Anton Maulbertsch. Ein Blickfang am Jurisics tér ist das *Rathaus* mit seiner Barockfassade.

ESSEN & TRINKEN

TAVERNA FLÓRIÁN

Dieses Lokal zeichnet sich durch Charme und italienisch inspirierte Küche aus. *Várkör 59 | Tel. 94 56 30 72 | www.taverna florian.hu | €€*

ÜBERNACHTEN

ÍROTTKŐ

Von außen ist das Hotel kein besonders schöner Anblick, drinnen hält es jedoch komfortable Zimmer und ein Wellness-center bereit. Auf der Internetseite finden Sie zahlreiche Sonderangebote. *52 Zi. | Fő tér 4 | Tel. 94 36 03 73 | www.irottko.hu | €€*

AUSKUNFT

Tourinform | Fő tér 2 | Tel. 94 56 31 20 | www.koszeg.hu

ZIELE IN DER UMGEBUNG

BÜK (128 B4) (*Ш B6*)

Die Thermalquellen haben Bad Bük (3200 Ew.) zu einem bekannten Kurort gemacht. Zu dem modernisierten *Thermalbad (Termál körút 2 | www.bukfurdo.hu)* in einer Parkanlage gehören ein Hallen-Erlebnisbad und viele Spielmöglichkeiten für Kinder. Die Kur-, Wellness- und Sportoase des Städtchens ist das *Danubius Health Spa Resort Bük (200 Zi. | Európa út 1 | Tel. 94 88 94 00 | www.danubiushotels.com/buk | €€€). www.buk.hu | 20 km östlich von Kőszeg*

NATURPARK ÍROTTKŐ/
GESCHRIEBENSTEIN ✹
(128 A4) (*Ш B6*)

Seitdem der Eiserne Vorhang gefallen ist und es keine Grenzkontrollen mehr gibt, ist dieses Naturareal (*Írottkő Natúrpark | www.naturpark.hu*) südwestlich von Kőszeg eine noch attraktivere Wander- und Radfahrregion. Bei Kőszeg, im *Királyivölgy (Königstal)*, ist der imposante Baumstumpf einer 700 Jahre alten Kastanie zu sehen. Auf dem *Óház-Berg (Óház-tető)* steht in 609 m Höhe ein ✹ Aussichtsturm. Zur höchsten Erhe-

bung, dem auf der österreichisch-ungarischen Grenze gelegenen Berg *Írottkő (Geschriebenstein*, 884 m), führt ein 15 km langer Weg. Dort steht der ✹ *Árpád-Aussichtsturm.* Infos und Karten gibt es bei Tourinform in Kőszeg.

Prima für Wanderer, Radfahrer und Familien ist das im ländlichen Barockstil errichtete Gästehaus ✹ **INSIDER TIPP** *Napvirág Vendégház (3 Zi., 1 Studio | Salamonfai utca 30 | Buchung: Agentur Savaria in Szombathely | Gagarin utca 8 | Tel. 20 9 19 19 50 | www.napviraghaz.hu | €)* in Zsira mit einfachen, großen Zimmern. Es liegt 16 km von Kőszeg entfernt und 1 km vom österreichischen Lutzmannsburg mit seinem großen Erlebnisbad.

NATIONALPARK ŐRSÉG
(ŐRSÉGI NEMZETI PARK)
(128 A6) (*Ш A–B 7–8*)

Diese einzigartige Landschaft mit ihren Bergen und Tälern, den Laub- und Nadelwäldern, Wiesen, Mooren, Quellen, Flüssen und einer ungemein reichen Tierwelt wurde von der Europäischen Union ausgezeichnet. Das Gebiet liegt ganz im Westen, zwischen den Flüssen Rába im Norden und Zala im Süden. Die Parkverwaltung mit dem Tourinform-Büro finden Sie in *Őriszentpéter (Siskaszer 26/A | Tel. 94 54 80 34 | orseg@tourinform.hu | onp.nemzetipark.gov.hu)*.

Charakteristisch für die Vergangenheit dieser Region als Grenzwacht sind lang gestreckte Gebäude mit tief gezogenen Schilfdächern. Zu sehen sind sie im *Museumsdorf Pityerszer (Juni–Aug. tgl. 10–18 Uhr, April/Mai und Sept.–Nov. Di–So 10–17 Uhr)* in *Szalafő* (5 km von Őriszentpéter). Der Betreiber der privaten Website *www.oerseg.de* ist das Ferienhaus **INSIDER TIPP** *Talisman*, ein urgemütlich neu gestaltetes, ehemaliges Bauernhaus, sehr schön im Grünen gelegen.

Parkett und prächtige Gemälde im Prunksaal von Schloss Nádasdy in Sarvar

SÁRVÁR (128 B4–5) (⫿ C6)

Mittelpunkt des 50 km südöstlich von Kőszeg gelegenen Städtchens (15 000 Ew.) ist das fünfeckige *Renaissance-Burgschloss*. Im *Ferenc-Nádasdy-Burgmuseum (Di–So 9–17 Uhr | Várkerület utca 1 | www. nadasdymuzeum.hu)* mit dem großartigen Prunksaal ist unter anderem eine Ausstellung zur Familiengeschichte zu sehen. Neben der Burg befindet sich ein 10 ha großes *Arboretum (April–Okt. tgl. 9–19, sonst 9–17 Uhr | Várkerület 30/Á)*.

Sárvár hat sich zu einer Topadresse in Sachen Kur und Wellness gemausert. Mit 3500 m² Wasserfläche (Thermalhallen- und Freibäder, Erlebnisbad, Schwimmbad) und modernen Kureinrichtungen ist das neue *Thermal- und Wellnessbad (Badelandschaft tgl. 8–22 Uhr | Sárvári Gyógyfürdő | Vadkert utca 1 | www. badsarvar.hu)* das größte in Ungarn. Modernes Design prägt das **INSIDER TIPP** *Park Inn Sárvár (223 Zi. | Vadkert utca 4 | Tel. 95 53 01 00 | www.parkinn.com/ hotel-sarvar | €€)* mit direktem Zugang zum Thermalbad und schöner Restau-ranterrasse. Eine Luxuswelt für sich, mit eigenem Thermalbrunnen, ist das *Spirit Hotel Thermal Spa (273 Zi. | Vadkert körút 5 | Tel. 95 88 95 00 | www.spirithotel.hu | €€€)*. Guten Mittelklassekomfort bietet das *Hotel Aqua (21 Zi. | Fekete-híd út 126 | Tel. 95 52 07 30 | www.hotelaquasarvar. hu | €–€€). www.sarvar.hu*

SZOMBATHELY (128 A5) (⫿ B6)

Mitten in der barocken Innenstadt finden sich die Ausgrabungen der 43 n. Chr. von Kaiser Claudius gegründeten Stadt Savaria. Die Industrie- und Bezirkshauptstadt (80 000 Ew., 25 km südlich von Kőszeg) wurde im Zweiten Weltkrieg massiv zerstört. Sehenswert ist am Templom tér der 1814 vollendete *Dom*. Daneben liegt der Ruinengarten *Járdányi Paulovics (Mitte März–Nov. Di–So 10–17 Uhr | Mindszenti József tér)*. Zu den freigelegten Zeugnissen gehört auch ein original erhaltener Teil einer Römerstraße. Das *Bischöfliche Palais (Mai–Sept. | Berzsenyi Dániel tér 3 | www.muzeum.martinus.hu)* ist ein eleganter Spätbarockpalast. Im *Freilichtmu-*

seum (Vasi Falumúzeum | April–15. Nov.
Di–Fr 9–17, Sa/So 10–18 Uhr | Árpád utca
30 | www.vasimuzeumfalu.hu) am west-
lichen Stadtrand stehen reetgedeckte
Häuser aus dem gesamten Bezirk. Aus-
kunft: Tourinform | Király utca 1a | Tel. 94
31 72 69 | www.szombathely.hu

Rund um das herrschaftliche Schloss entwickelte sich die heute noch weitgehend
erhaltene Bürgerstadt. Vom historischen
Zentrum sind es zu Fuß nur wenige Minuten bis zum Burggartenbad, der Erlebnis-
und Wellnessoase im früheren Schlosspark.

In der historischen Altstadt von Pápa

SEHENSWERTES

BLAUDRUCKMUSEUM (KÉKFESTŐ MÚZEUM)

Der erste Eindruck täuscht: Hinter dem
recht schmalen Eingangsgebäude liegt
die komplette, sehr schön erhaltene und
präsentierte Fabrikanlage der Kluge-
Färberei von 1880 (vier Gebäude). April–
Okt. Di–So 9–17 Uhr, Nov.–März Di–Sa
9–16 Uhr | Március 15. tér 12 | www.
kekfestomuzeum.hu

ESTERHÁZY-SCHLOSS (ESTERHÁZY-KASTÉLY)

Zur Besichtigung freigegeben ist der
schönste Teil des 1783 vollendeten
Schlosses: der Lesesaal der Bibliothek
mit seinen Fresken. Er war einst die
Schlosskapelle. Die Räume werden heute
als normale Bibliothek genutzt (1. Stock |
Di–So 10–18 Uhr). Fő tér 1 | esterhazy
kastely.papa.hu

PFARRKIRCHE (NAGYTEMPLOM)

Im Mittelpunkt von Pápa steht die katholische Pfarrkirche in schönstem Zopfstil
des Spätbarock mit ihren 72 m hohen
Türmen und Fresken von Franz Anton
Maulbertsch. Fő tér

PÁPA

(128–129 C–D4) (*M D6*) **Geprägt ist
das barocke Pápa (32 000 Ew.) vom
Wirken der Adelsfamilie Esterházy. Sie
war 300 Jahre lang die Burgherrin des
Städtchens.**

ESSEN & TRINKEN

VERO-HOTEL ARANY GRIFF

Das traditionsreiche, an der Fußgängerzone gelegene Haus bietet im Restaurant
hauptsächlich ungarische Küche. Als Hotel (24 Zi.) war es lange Zeit das Einzige

im Ort. Es ist auch ein Café mit Terrasse vorhanden. *Fő tér 15 | Tel. 70 3 88 88 41 | www.verohotel.hu | €€*

ÜBERNACHTEN

VILLA CLASSICA
Ein neues Hotel im historischen Rahmen einer Bürgervilla. Gehobener Dreisterne-komfort, Restaurant mit mediterraner und regionaler Küche, Lobbybar. *24 Zi. | Bástya utca 1 | Tel. 89 51 22 00 | www.villaclassica.hu | €€–€€€*

FREIZEIT & SPORT

Zum *Burggartenbad (Várkertfürdő | Thermalbad tgl. 9–21 Uhr, Schwimmbad 6–22 Uhr, Freibad 15. Mai–15. Sept. 9–20 Uhr | Várkert út 5 | www.varkertfurdo.hu)* gehören das Thermalbad (mit mehreren Pools, Dampfbad, Saunalandschaft und Restaurant), ein Schwimmbad mit sechs 25-m-Bahnen und ein Freibad mit Riesenrutschen. Am Thermalbad liegt der sehr gute *Thermal-Campingplatz (Várkert út 7 | Tel. 89 32 07 35 | www.termalcamping.de)*.

AUSKUNFT

Tourinform | Mándi Márton István utca 10 | Tel. 89 77 70 47 | papa@tourinform.hu

PÉCS

(135 F5) (∅ F10) **Die in den Hügeln am Rand des Mecsek-Gebirges schön gelegene Stadt (157 000 Ew.) ist eine mediterran wirkende Drehscheibe zwischen Ost und West mit einer fast 2000-jährigen Geschichte.**
Vor einigen Jahren feierte Pécs ein großes Ereignis, die Ernennung zur „Euro-

CITY ▸ **WOHIN ZUERST?**
Herzstück von Pécs und Ausgangspunkt für jede Entdeckungstour ist der Platz **Széchenyi tér** mit der St.-Maria-Kirche (ehemalige Moschee). Fußgängerzone, Museen, Dom und weitere Attraktionen liegen in der Nähe. Parken können Sie am besten an der Irgalmasok utcája, die zum Platz hinaufführt, oder in einer ihrer Nebenstraßen.

päischen Kulturhauptstadt 2010" – nur ein Jahr nach dem 1000-jährigen Jubiläum als Bischofssitz. Seitdem erwarten ein neues Konzert- und Konferenzzentrum sowie eine neue Kunsthalle die Besucher. Wiederbelebt wurde der große Komplex der *Keramik- und Porzellanfabrik Zsolnay (Felsővámház utca 72)*, die dem ungarischen Jugendstil sein unverwechselbares Gesicht gab. Dort entstanden außerdem ein Zentrum für Design und moderne Kunst, ein Themenpark und ein Restaurant. Ein weiterer Schwerpunkt war die Neugestaltung von Parks und Plätzen.

SEHENSWERTES

DOM ST. PETER UND PAUL (SZENT PÉTER ÉS PÁL BAZILIKA)
Den Grundstein zum ersten Dom legte König Stephan im Jahr 1009. Der heutige Monumentalbau mit den vier Ecktürmen, den Wand- und Deckenmalereien entstand von 1882 bis 1891 und ist ein Meisterwerk des Historismus. Die wunderbare Orgel aus dem 19. Jh., geschaffen vom berühmten Orgelbauer Josef Angster, erklingt nach der Restauration wieder in voller Schönheit. Wer an der Kasse den Kantor rufen lässt, bekommt einige Minuten Orgelspiel zu hören (ca. 15 Euro).

INSIDER TIPP **Kostenlose Orgelmusik**
erleben Sie normalerweise Mo–Fr von 17
bis 17.45 Uhr. *April–15. Okt. Mo–Fr 10–19,*
So 13–17 Uhr, 16. Okt.–März Mo–Sa 10–16,
So 13–16 Uhr | zu besichtigen sind auch
Dommuseum und Lapidarium sowie Bi-
schofskeller und Bischofspalast mit Kom-
bitcket | Szent István tér 14

FRÜHCHRISTLICHE GRABANLAGEN
(ÓKERESZTÉNY MAUZÓLEUM)
Die frühchristlichen Grabanlagen von
Pécs entstanden im 4. Jh., also in spätrö-
mischer Zeit. Vom Besucherzentrum *Cel-*
la Septichora mit seinen Glasdächern
und Stegen bieten sich schöne Blicke auf
die Ausgrabungen. Zu den Funden gehören auch seltene Katakombenmalereien.
Besichtigung der fünf Grabkammern und
der achteckigen Grabkapelle April–Okt.
Di–So 10–17.30 Uhr, Nov.–März Di–Do, So
10–15.30, Fr/Sa 10–16.30 Uhr | Besichti-
gung individuell oder mit Führung mög-
lich | Szent István tér | 72 22 47 55 | www.
pecsorokseg.hu

HASSAN-JAKOWALI-MOSCHEE
(JAKOVÁLI HASSZÁN PASA DZSÁMIJA)
Das schönste türkische Bauwerk der
Stadt mit einem Minarett stammt aus
dem 16. Jh. Im *Museum (Di–Fr 10–14 und*
15–17 Uhr) sind Kunsthandwerk und Mu-
sikinstrumente ausgestellt. *16. April–Okt.*
Di–So 10–18 Uhr | Rákóczi út 2

JÓKAI TÉR
Wenn der kleine Platz mit den angren-
zenden Restaurants aus dem Winter-
schlaf erwacht, vermittelt er mediterra-
nes Feeling.

MISINA-GIPFEL (MISINATETŐ) ⛰
Die Aussichtsterrasse des Fernsehturms
auf dem 535 m hohen Misina-Gipfel
thront gut sichtbar über der Stadt und
hält einen weiten Blick in die Umgebung
bereit. Die Anfahrt ist aus dem Zentrum
einigermaßen gut ausgeschildert, ein
Stadtplan kann aber nicht schaden. Auf-
fahrt mit einem Fahrstuhl. *Im Sommer-*
halbjahr So–Do 9–19, Fr/Sa bis 20 Uhr

MUSEUMSSTRASSE
KÁPTALAN UTCA ●
In der vom Domplatz wegführenden Káptalan utca reihen sich die Museen aneinander. In Nr. 4 stellt die *Ungarische Ge-*
mäldegalerie (Modern Magyar Képtár)
ihre Werke aus. Die Nr. 2 ist ein gotisches
Propsthaus mit barockem Relief; hier gibt
es erlesene Stücke der 1868 in Pécs ge-
gründeten Porzellan- und Keramikmanu-
faktur Zsolnay zu sehen. Das *Vasarely-*
Museum im Haus Nr. 3 erinnert mit einer
Werkausstellung an Victor Vasarely
(1906–97), den in Pécs als Győző Vásár-
helyi geborenen „Vater der Op-Art". *Un-*
garische Gemäldegalerie und Propsthaus
im Sommer Di–Sa 10–18, So 10–16 Uhr,
im Winter Di–So 10–16 Uhr | Vasarely-
Museum Mai–Okt. Di–So 10–18 Uhr, Nov.–
April Di–So 11–17 Uhr | www.jpm.hu

NATIONALTHEATER (NEMZETI SZÍNHÁZ)

Das Theater ist ein Prachtbau von 1893, der eine Vielfalt von Stilelementen aufweist. Das Ballettensemble hat einen ausgezeichneten Ruf. *Perczel utca 17 | Tel. 72 52 56 97 | www.pnsz.hu | www.pecsi balett.hu*

Mo–Sa 9–16.30, So 12–16.30 Uhr, sonst Mo–Sa 10–12, So 12–14 Uhr | Széchenyi tér

SZÉCHENYI TÉR

Dieser wunderbare Platz, durch eine kleine Straße in zwei Hälften geteilt, ist das Herz der Stadt. Zu den schönsten

Die ehemalige Moschee des Paschas Kassim Ghasi in Pécs dient jetzt als Pfarrkirche

ST.-MARIA-KIRCHE (BELVÁROSI PLEBÁNIATEMPLOM)/MOSCHEE KASSIM GHASI (GÁZI KÁSZIM PASA DSZÁMIJA) ⭐ ●

Den zentralen Széchenyi-Platz beherrscht der markante Kuppelbau der 1585 vom Pascha Kassim Ghasi in Auftrag gegebenen Moschee. Nach dem Ende der Türkenzeit wurde das Minarett abgetragen. Heute ist das Bauwerk die Innerstädtische Pfarrkirche St. Maria. Eine Besichtigung dieses faszinierenden Wahrzeichens von Pécs sollten Sie sich möglichst nicht entgehen lassen. Es herrscht allerdings strenges Fotografier- und Filmverbot. *15. April–15. Okt.*

Gebäuden, die ihn säumen, gehören die ursprünglich als Moschee errichtete St.-Maria-Kirche, das einstige *Jesuitenkolleg* (Nr. 11), das heute ein katholisches Gymnasium ist, das ehemalige *Komitatshaus* (Nr. 9) und das 1907 erbaute *Rathaus* an der Ecke zur Király utca. Schmuckstücke des Platzes sind auch die *Pestsäule* von 1710 und der *Zsolnay-Brunnen,* ein prachtvolles Jugendstilobjekt.

Vom Széchenyi tér zweigen die beiden attraktiven Fußgängerzonen *Ferencesek utcája* und *Király utca* ab. Besonders die Király utca mit ihrem bunten Treiben und ihren prächtigen Fassaden – darunter auch das Gebäude des National-theaters – ist äußerst sehenswert.

ESSEN & TRINKEN

ARANYKACSA

Auf der Speisekarte der „Goldenen Ente" (mit Vinarium) stehen ungarische Spezialitäten. *Teréz utca 4 | Tel. 72 5188 60 | www.aranykacsa.hu | €*

INSIDER TIPP CORSO

Unten, im *Bistro Corso,* geht es locker zu. Dort kann man es sich vom Frühstück bis zum Mitternachtscocktail gemütlich machen. Im ersten Stock befindet sich das feine Restaurant *Enoteca* mit ungarisch-internationaler Küche. *Király utca 14 | Tel. 72 52 51 98 | Bistro Corso €€ | Enoteca €€€*

TETTYE

Populäres und gutes schwäbisch-ungarisches Restaurant, in schöner Lage am Berg Tettye. *Tettye tér 4 | Tel. 72 53 27 88 | www.tettye.hu | €€*

EINKAUFEN

Täglich vormittags findet in der City ein *Obst- und Gemüsemarkt (Bajcsy-Zsilinszky utca)* statt. Einen *Fabrikverkauf von Zsolnay-Porzellan* gibt es auf dem neu gestalteten Areal der Zsolnay-Fabrik *(Felsővámház utca 54)*.

ÜBERNACHTEN

CORSO

Dieses Viersternehotel in der Innenstadt von Pécs knüpft auch an lokale Bautraditionen an – so wurde beispielsweise Keramik der Pécser Manufaktur Zsolnay verwendet. *81 Zi. | Koller utca 8 | Tel. 72 42 19 00 | www.corsohotel.hu | €€*

KIKELET ☾

Ein 1930er-Jahre-Bau hoch über der Stadt. Die Zimmer sind renoviert und bieten eine großartige Aussicht, ebenso wie die Restaurantterrasse. *33 Zi. | Károlyi Mihály út 1 | Tel. 72 5129 00 | www.hotelkikelet.hu | €€€*

PALATINUS

Feinster Jugendstil prägt dieses Hotel. Besonders prächtig ist der Ballsaal im Sezessionsstil. *94 Zi. | Király utca 5 | Tel. 72 88 94 00 | www.danubiushotels.com/palatinus | €€*

AUSKUNFT

Tourinform | Széchenyi tér 7 | Tel. 72 213 15 | www.iranypecs.hu

ZIELE IN DER UMGEBUNG

BIKAL (135 F4) (*㎝ F9*)

In Bikal (50 km nördlich von Pécs) hat ein 7,5 ha großer INSIDER TIPP *Renaissance-park (Élménybirtok | Rákóczi utca 22 | Tel. 72 45 95 46 | www.elmenybirtok.hu)* seine Tore geöffnet. Zu den Attraktionen gehören unter anderem ein mittelalterliches Dorf und ein Ritter-Turnierplatz (mit Schaukämpfen).
Nachbar des Parks ist das feine *Schloss-hotel Puchner (Rákóczi utca 22 | Tel. 72 45 95 46 | www.puchner.hu | €€€)* aus dem 19. Jh. Die 22 Zimmer und Suiten liegen im Schloss, im Herrenhaus und im früheren Badehaus.

KAPOSVÁR (135 E4) (*㎝ E9*)

Die geschäftige Hauptstadt des Bezirks Somogy (68 000 Ew., 65 km nordwestlich von Pécs) besitzt nur wenig historische Bausubstanz. Sehenswert sind jedoch die lebhafte *Fő utca* (Hauptstraße) mit dem barocken *Dorottya-Haus* (Nr. 1, Hotel Dorottya) und dem *Neorenais-*

sance-Rathaus von 1902 (Nr. 10), das *Jugendstil-Theater* von 1911 (Rákóczi tér) und die neoromanische *Nagyboldogasszony-Kathedrale* von 1886 (Kossuth tér). Das *Kapos Restaurant & Bit-Kaffeehaus* gehört zum *Hotel Kapos (80 Zi. | Kossuth tér | Tel. 82 51 02 79 | www.kaposhotel.hu | €€). www.tourinformkaposvar.hu*

MECSEK-GEBIRGE (MECSEK HEGYSÉG)
(135 F5) (*ℳ F10*)

Das Gebirge 15 km nördlich von Pécs ist ein abwechslungsreiches Ausflugs- und Wanderziel. In der Ortschaft *Orfű* mit Seen und Teichen liegen am Seeufer und am Waldrand drei **INSIDER TIPP** ▶ Holzhäuser mit Kinderspielplatz in einem großen Naturareal *(Buchung: Erdei Vendégházak | Rét utca 8 | Pécs | Tel. 72 50 82 00 | www.mecsekerdo.hu | €).*

SZEKSZÁRD (136 B4) (*ℳ G9*)

Rund 50 km nordöstlich von Pécs liegt die hervorragende Rotweinregion Szekszárd. Wenn Sie in der Stadt (34 000 Ew.)

vom Garay tér zum Béla tér hinauffahren, kommen Sie zum klassizistischen *Komitatshaus* von 1830, dem *Rathaus* im Sezessionsstil und zur *Belvárosi-Kirche* von 1805, einer der größten Hallenkirchen in Ungarn. Szekszárds Unterwelt ist ein Labyrinth aus 4500 Weinkellern. Im Weingeschäft *Garay Pince (Garay tér 19)* lernen Sie die besten Tropfen der Region kennen. *Auskunft: Tourinform | Béla király tér 7 | Tel. 74 31 51 98 | www.szekszard.hu*

SOPRON

(128 A3) (*ℳ B5*) **Die zauberhafte mittelalterliche und barocke Stadt (61 000 Ew.) zwischen den Soproner und den Balfer Hügeln ist ein kulturhistorisches Gesamtkunstwerk.**

Die meisten Sehenswürdigkeiten liegen in der von einer ovalen Stadtmauer umschlossenen Innenstadt, in die man durch Burgtore gelangt. Weinliebhaber sind hier in einer Hochburg des Blau-

Sopron ist wie gemacht für entspanntes Schlendern – hier in der alten Klostergasse

CITY **WOHIN ZUERST?**

In Sopron dreht sich alles um die historische Altstadt. Idealer Ausgangspunkt ist der **Fő tér** (Hauptplatz), doch das gesamte Areal ist so übersichtlich, dass es keine entscheidende Rolle spielt, wo Sie starten. Zum Parken eignet sich meist der Platz Széchenyi tér am südlichen Ende der Altstadt oder eine der Nebenstraßen in seiner Nähe.

fränkischen (Kékfrankos), den es in großer Vielfalt zu kosten gibt.

SEHENSWERTES

FŐ TÉR ⭐

Durch das *Vordere Tor (Előkapu)* gelangen Sie zum zentralen Fő tér (Hauptplatz). Sein Grundriss ist seit dem 13. Jh. nahezu unverändert. Hier steht das Symbol der Stadt, der *Feuerturm (Tűztorony | Mai–Aug. tgl. 10–20, Sept./Okt. bis 18 Uhr, Nov./Dez. Di–So 10–17, Jan.–März bis 16, April bis 18 Uhr | www.tuztorony.sopron.hu)*, zu dem 200 Stufen hinaufführen. Von dem umlaufenden Renaissance-Arkadengang haben Sie einen herrlichen Ausblick. Die Platzmitte gehört der barocken *Dreifaltigkeitssäule*.

MARIENKIRCHE (KECSKE TEMPLOM)

Die dreischiffige, im 13./14. Jh. erbaute gotische Kirche mit ihrem 43 m hohen Turm hat eine barocke Innenausstattung von 1750. Das Kloster neben der Kirche ist eines der schönsten gotischen Bauwerke der Stadt. *Templom utca*

MUSEEN AM FŐ TÉR

Das *Haus Nr. 2* war von 1642 bis 1967 eine Apotheke und beherbergt heute das *Apothekenmuseum (Patikaház Múzeum | April–Sept. Di–So 10–14 Uhr)*. Im *Fabri-*cius-Haus (Nr. 6 | April–Sept. Di–So 10–18 Uhr, Okt.–Dez. nach Voranmeldung | Tel. 99 31 13 27) sind im gotischen Keller römische Skulpturen, Gräber und andere Funde zu sehen, im barocken vorderen Teil Bürgerwohnungen aus dem 17./18. Jh. Das *Storno-Haus (Nr. 8 | April–Okt. Di–So 10–18 Uhr, Nov./Dez. 9–17 Uhr, Jan.–März 10–16 Uhr)* mit dem barocken Erker zeigt den Nachlass der reichen Soproner Familie Storno. *www.muzeum.sopron.hu*

SYNAGOGE (ZSINAGÓGA)

Das Gotteshaus wurde von 1300 bis 1320 errichtet. Eine Ausstellung informiert über das Leben der Soproner Juden. *April–Okt. Di–So 10–18 Uhr | Új utca 22–24 | www.muzeum.sopron.hu*

ESSEN & TRINKEN

JÉGVEREM FOGADÓ

In diesem traditionellen Gasthof in einem 250 Jahre alten Haus wird gute ungarische Hausmannskost in gepflegtem Rahmen serviert. Mittagsmenüs gibt es schon für 750 Ft. Es werden auch Zimmer und Apartments vermietet. *Jégverem utca 1 | Tel. 99 51 01 13 | www.jegverem.hu | €*

MEDITERRANO

Italien stand Pate bei diesem Eventkomplex mit vier Restaurants: Junge Leute zieht es in das trendige *Spago* (€), Familien ins *Toscana* (€), für die feinere Küche gibt es das *Il Grande* (€€€). Frühstück, Kaffee und Cocktails stehen im *Gino* auf der Karte. *Lackner Kristóf utca 33A | Tel. 99 50 83 00 | www.mediterrano.hu*

FREIZEIT & SPORT

Auf einem Radwanderweg kann man den gesamten *Neusiedler See (Fertő tó)* umrunden. Die außerhalb von Sopron gelegenen sogenannten *Lővers* waren schon im 19. Jh. eine beliebte Naturoase. Den stadtnahen *Unter-Lőverek* trennt ein Waldgürtel vom *Ober-Lőverek*. Markierte Wanderwege führen zu Aussichtspunkten. Einen herrlichen Blick auf die Stadt haben Sie vom 23 m hohen ☀ Aussichtsturm auf der *Karlshöhe*.

modernen Annehmlichkeiten in familiärer Atmosphäre. *18 Zi. | Templom utca 20 | Tel. 99 52 44 00 | www.hotelwollner.eu | €€€*

PALATINUS PENSION

Diese Pension liegt mitten in der Innenstadt von Sopron und bietet Komfortzimmer in einem denkmalgeschützten Gebäude. *25 Zi. | Új utca 23 | Tel. 99 52 38 16 | €*

Gute Aussichten unter der Turmuhr: Arkadengang des Feuerturms in Sopron

Am *Lővér kert 82* liegen das Freibad und ein Hallenbad. Schön präsentiert sich auch die 1000 m lange **INSIDER TIPP** *Bobbahn (Mo–Fr 10–17, Sa, So 10–18 Uhr | Bécsi domb | Tel. 99 33 42 66 | www. bobozas.hu)*. Über eine kurvenreiche Strecke geht es hinab zur Talstation.

ÜBERNACHTEN

HOTEL WOLLNER

Das beste Hotel Soprons, mit Bilderbuchfassade in der schönen Fußgängerzone gelegen. Sehr gemütliche, geräumige Zimmer mit antikem Mobiliar und allen

VILLA MIMI ☺

Die Pension in einer Gartenvilla von 1881 besticht durch die Kombination von Tradition und modernem Design. Als Bahn- oder Fahrradfahrer erhalten Sie **INSIDER TIPP** zehn Prozent Preisnachlass. Das Frühstück wird aus biologischen und regionalen Lebensmitteln zubereitet. *5 Zi., 1 Suite | Honvéd utca 5 | Tel. 30 2 37 02 75 | www.villa-mimi.com | €–€€*

AUSKUNFT

Tourinform | Liszt Ferenc tér 1 | Tel. 99 51 75 60 | www.sopron.hu

Glanzvoller Barockbau: Schloss Esterházy in Fertőd, das „ungarische Versailles"

ZIELE IN DER UMGEBUNG

BALF (128 A3) (*ill B5*)
Auf dem Hügel oberhalb des kleinen, 8 km südöstlich von Sopron gelegenen Kurorts thronen *Burg* und *Burgkirche* aus dem 13. Jh. Bekannt ist Balf für sein schwefelhaltiges Thermalwasser. Die barocke *Badkapelle* von 1773 im Kurpark schmücken Fresken von Stephan Dorffmeister.

SCHLOSS ESTERHÁZY (ESTERHÁZY-KASTÉLY) ⭐ (128 B3) (*ill C5*)
In Fertőd (3400 Ew., *www.fertod.hu*), 30 km südöstlich von Sopron, baute sich Miklós Fürst Esterházy aus dem Jagdschloss der Familie ab 1763 sein „ungarisches Versailles", das prachtvollste Barockschloss des Landes. 1761 verpflichtete der Fürst den Komponisten Joseph Haydn. Teile des Schlosses sind im Rahmen von Führungen zu besichtigen. Das Schloss ist im Sommer Schauplatz musikalischer Events (Konzerte und Haydn-Festival). *15. März–Okt. Di–So 10–18 Uhr, Nov.–14. März Fr–So 10–15 Uhr | meist zwei deutschsprachige Führungen täglich | J. Haydn utca 2 | Tel. 99 53 76 40 | www.esterhazy-schloss.com*
3 km westlich von Fertőd, in Fertőszéplak, wurde ein *Freilichtmuseum (Mai–Sept. Di–Sa 11–17 Uhr | Nagy Lajos utca 33–37)* mit fünf Häusern in schönem Bauernbarock errichtet.

FERTŐRÁKOS (128 A3) (*ill B5*)
Fertőrákos liegt 8 km nordöstlich von Sopron. Auf dem Weg dorthin zweigt bei Sopronkőhida eine Straße ab zum *Paneuropäischen Denkmal (Páneurópai Piknik Emlékhely)*, das an die Öffnung des Eisernen Vorhangs erinnert. An dieser Stelle überschritten 600 DDR-Flüchtlinge im Sommer 1989 friedlich die Grenze nach Österreich – die Sicherheitskräfte ließen sie erstmals einfach gewähren.
Die Marina von Fertőrákos zieht viele Yachten an, und zahlreiche Radfahrer, die den Neusiedler See umrunden, machen hier Rast. Am Ortseingang liegt ein ☀ *Steinbruch* mit faszinierenden Hohlräumen und bis zu 20 m hohen Wänden aus Leitha-Kalkstein. Im Sommer wird er

auch als Konzertsaal genutzt. Von der höchsten Stelle eröffnet sich ein ausgezeichneter Blick auf den Neusiedler See. Das Restaurant *Ráspi (Fő út 72 | Tel. 99 35 51 46 | www.raspi.hu | €€–€€€)* bietet eine köstlich frische, kreative Küche.

SZÉKES-FEHÉRVÁR

(129 F5) *(ℳ F6–7)* **Die Stadt (99 000 Ew.) wurde im Zweiten Weltkrieg stark zerstört, doch die restaurierte Altstadt zeigt noch einiges vom einstigen Glanz.** Das frühere Alba Regia bzw. Stuhlweißenburg war 500 Jahre lang ein Zentrum des ungarischen Reichs. In der 1018 von König Stephan gestifteten Basilika wurden 38 Könige gekrönt und 15 Herrscher beigesetzt.

SEHENSWERTES

FREILICHTMUSEUM (SKANZEN)
Im alten Serbenviertel liegt das Freilichtmuseum mit schönen alten Häusern und

der *orthodoxen Kirche* aus dem 18. Jh. mit einer bemerkenswerten Ikonostase von 1771. *April–Okt. Mi–So 10–14 Uhr | Rác utca 11*

KÖNIG-STEPHAN-MUSEUM (ISTVÁN KIRÁLY MÚZEUM)
Ein wichtiges Museum mit bedeutender archäologischer, kunst- und volkskunstgeschichtlicher Sammlung. *Mi–So 10–18 Uhr | Országzászló tér 3r | www.szikm.hu*

RATHAUSPLATZ (VÁROSHÁZ TÉR)
Der Rathausplatz ist der Kern der historischen Stadt. Bischof János Milassin ließ 1790 an der Stelle der zerstörten Basilika einen spätbarocken Bischofspalast bauen. In der Mitte des Platzes steht der *Reichsapfelbrunnen,* der 1938 am 900. Todestag von König Stephan aufgestellt wurde. Das schönste Barockgebäude der Stadt ist das *Hiemer-Haus (Hiemer ház | an der Ecke zur Jókai utca)* von 1770, das mit EU-Unterstützung renoviert wurde.

RUINENGARTEN (ROMKERT)
Im Ruinengarten sind rekonstruierte Teile der Stadtmauer zu besichtigen, das

EIN HAYDN-SPASS MIT ESTERHÁZY

Der österreichische Komponist Joseph Haydn (1732–1809) schuf nicht nur die Melodie, die später zur deutschen Nationalhymne wurde, er zeichnete sich außerdem durch einen Sinn für Humor aus, der sich auch in seiner „Abschiedssinfonie" niederschlug. Haydn stand im Lauf seines Lebens insgesamt vier Fürsten des österreichisch-ungarischen Esterházy-Adelsgeschlechts zu Diensten. Er verbrachte viel Zeit im heute ungarischen Schloss Esterházy. Doch der

Legende zufolge wurde es ihm in einem Sommer zu viel, und er wollte endlich Urlaub. So komponierte Haydn die Sinfonie als Fingerzeig an den Fürsten: Das schmissige Finale bricht plötzlich ab, im langsamen Tempo beendet der Hornist sein Solo und verlässt die Bühne. Ein Spieler nach dem anderen folgt ihm nun, bis nur zwei Geiger das Stück zu Ende bringen und die Kerzen löschen. Esterházy soll die Anspielung verstanden haben.

Lapidarium birgt unter anderem Überreste der Krönungsbasilika und des Stephans-Sarkophags. *April–Okt. Di–So 9–17 Uhr | Koronázó tér | www.szikm.hu*

STEPHANSDOM (SZENT ISTVÁN SZÉKESEGYHÁZ)

Der barocke Dom entstand 1758–68, die Fresken schuf Johann Ignaz Cymbal. Die St.-Anna-Kapelle neben dem Dom, ein spätgotisches Kleinod von 1478, ist das einzige vollständig erhaltene mittelalterliche Bauwerk der Stadt. *Mo–Sa 9–19, So 8–19 Uhr | Arany János utca 1*

ESSEN & TRINKEN

SZÁRCSA CSÁRDA

Behagliches Haus, eingerichtet im Stil der Zeit um 1900. Im Restaurant (mit Kamin) gibt die ungarische Küche den Ton an. Auch Pension (42 Zi.). *Szárcsa utca 1 | Tel. 22 32 57 00 | www.szarcsa.hu | €€*

ÜBERNACHTEN

NOVOTEL

Komforthotel mit Wellnessbereich und einer schönen Gartenterrasse. *144 Zi. | Ady Endre utca 19–21 | Tel. 22 53 43 00 | www.novotel.com | €€*

AUSKUNFT

Tourinform | Oskola utca 2–4, im Hiemer-Haus am Városház tér (Rathausplatz) | Tel. 22 53 72 61 | www.szekesfehervar.hu

ZIELE IN DER UMGEBUNG

MARTONVÁSÁR (130 A6) (*m* G6)

Das im Stil englischer Tudor-Gotik erbaute *Schloss Brunswick (Brunszvik-kastély | Brunszvik utca 2)* in einem 40 ha großen Park ist der Glanzpunkt des Orts (6000 Ew.). Ludwig van Beethoven komponierte dort zwischen 1800 und 1820 wichtige Werke. Ein *Museum (Di–Fr 10–12 und 14–16, Sa/So 10–13 und 14–16 Uhr, April–Okt. Sa/So bis 17 Uhr)* erinnert daran. Im Sommer finden im Schlosspark Beethoven-Konzerte statt. *www.martonvasar.hu | 25 km nordöstlich von Székesfehérvár*

TÁC-GORSIUM (GORSIUM SZABADTÉRI MÚZEUM) (129 F5) (*m* F7)

Die Ausgrabungsstätte in Tác, 16 km südlich von Székesfehérvár, ist eine kulturhistorisch interessante Anlage. Die römische Siedlung war im 1. Jh. n. Chr. das geistige Zentrum der Provinz Pannonien. *April–Sept. tgl. 10–18 Uhr, Okt. 10–17 Uhr | Nov.–März geschl., aber ein Teil des Parks kann besichtigt werden | Fő utca 6*

TATA

(129 F3) (*m* F5) Die „Wasserstadt" Tata (25 000 Ew.) war im 17./18. Jh. eine schmucke Residenzstadt mit Wasserburg und Schloss, geprägt von der Adelsfamilie Esterházy.

Angesiedelt wurden damals auch viele Deutsche, sogenannte Donauschwaben. In jüngerer Zeit sorgte der Golfplatz für Impulse zur Wiederbelebung des Städtchens, in dessen Mitte der große Öreg-See liegt. Es gibt im und um den Ort weitere kleinere Seen, viele Quellen, Wiesen und Hügel, die zum Baden und Angeln, zu Wanderungen oder Ausritten einladen.

SEHENSWERTES

BURG (ÖREGVÁR)

Die einst königliche Wasserburg wurde von der Familie Esterházy zum Renaissance-Burgschloss ausgebaut. Im Museum sind archäologische Funde und Volkskunst zu sehen. *15. April–15. Okt. Di–So 10–18 Uhr | Várolja utca 3*

ESTERHÁZY-SCHLOSS (ESTERHÁZY KASTÉLY)

Das Schloss wurde 1764–69 erbaut und wartet noch auf seine „Wiederbelebung". Zu seinen Gästen gehörten 1809 Napoleon und 1897 der deutsche Kaiser Wilhelm II. *April–Okt. Fr–So 10–18 Uhr | Kastély tér*

SKULPTURENMUSEUM (GÖRÖG-RÓMAI MÁSOLATMÚZEUM)

Das Museum in der ehemaligen Synagoge zeigt fast 100 Abgüsse weltberühmter griechischer und römischer Plastiken wie der Venus von Milo und der Laokoon-Gruppe. *Mai–Okt. Di–So 10–18 Uhr | Hősök tere 7 | www.kunymuzeum.hu*

UHRENTURM (ÓRATORONY)

Vom 1763 errichteten hölzernen Uhrenturm erklingt zu jeder vollen Stunde ein Glockenspiel. *Országgyűlés tér*

ESSEN & TRINKEN

LA CASA

Südliches Ambiente, unweit der Burg. Mediterrane und ungarische Gerichte. *Országgyűlés tér 3 | Tel. 34 38 27 75 | www.lacasa.hu | €€*

FREIZEIT & SPORT

Der *Old Lake Golf Club (Remeteség-puszta | Tel. 34 58 76 20 | www.oldlakegolf.com)* ist ein Par-71-Turnierplatz.

ÜBERNACHTEN

GOTTWALD HOTEL

Bayerische Behaglichkeit erwartet die Gäste in dieser familienfreundlichen Anlage am Öreg-See. Pool, Restaurant und Garten mit großen Terrassen. *40 Zi. | Fekete út 1 | Tel. 34 58 61 14 | www.gottwald.hu | €€–€€€*

OLD LAKE GOLF HOTEL

Am Golfplatz, im ehemaligen Esterházy-Jagdschloss. Mit Restaurant, Pool und Tennisplätzen. *40 Zi. | Remeteségpuszta | Tel. 34 58 77 20 | www.oldlakegolfhotel.com | €€€*

AUSKUNFT

Tourinform | Ady Endre út 9 | Tel. 34 58 60 45 | tata@tourinform.hu

ZIEL IN DER UMGEBUNG

KOMÁROM (129 E3) (*ØJ F5*)

Die gewaltige, nahe der Donau gelegene *Monostor-Festung (März–Mitte Nov. tgl. 9–18 Uhr | deutschsprachige Führung nach Voranmeldung | Dunapart 1 | Tel. 34*

Majestät in Stein: die einst königliche Burg der „Wasserstadt" Tata

54 05 82 | www.fort-monostor.hu) wurde 1850–71 zum Schutz Wiens errichtet. In der Anlage mit Museum und Café werden von Juni bis September Events wie Operngalas und Reitertage veranstaltet. Das *Thermalbad (tgl. 9–20 Uhr | Táncsics Mihály utca 34–36 | www.komthermal.hu)* bietet unter anderem sechs Badepools, ein Erlebnisbecken, eine Schwimmhalle und Therapien. *www.komarom.hu | 20 km von Tata*

VESZPRÉM

(129 E5) *(🕮 E7)* **Die „Stadt der Königinnen", auf fünf Hügeln erbaut, besticht durch das weithin sichtbare Burgviertel und ein reges Kulturleben.**

Gegründet wurde sie von König Stephan im 11. Jh. als Bischofssitz. Seine Gemahlin Gisela war die erste Herrscherin, die in Veszprém residierte. Vom 14. Jh. bis zur Türkeneroberung (1552) war Veszprém durch die Bischöfe und die Präsenz der jeweiligen Herrscherin ein geistiges und weltliches Zentrum der Macht. Ihr barockes Gesicht verdankt die Stadt (61 000 Ew.) dem am Anfang des 18. Jhs. begonnenen Wiederaufbau.

SEHENSWERTES

BURGVIERTEL (VÁRNEGYED) ★

Das kleine, vollständig restaurierte Burgviertel auf der Hügelhöhe hat viel historischen Charme. Ausgangspunkt für die Besichtigung ist der *Óváros tér.* Von dort geht es hinauf. Beim Burgtor steht der *Feuerturm (Tűztorony | April–Okt. tgl. 10–18 Uhr)* von 1814 mit einer Aussichtsterrasse. Die weiteren Sehenswürdigkeiten liegen entlang der kleinen *Burgstraße (Vár utca).* Gleich vorn, in einem hübschen Innenhof, ist die *Modern-Képtár-Galéria (Mai–Okt. Mi–Mo 10–18 Uhr, Nov.–April Mo–Sa 10–17 Uhr | Vár utca 3)* einen Besuch wert. Die bekanntesten Namen der ungarischen abstrakten Kunst sind hier versammelt (Zeichnungen, Grafiken, Skulpturen, Gemälde). Etwas versteckt in einem Hof (auf der linken Seite) liegt das INSIDER TIPP *Ziegelmuseum (Téglamúzeum | Di–So 10–18 Uhr | Vár utca 29),* zu dem es hinunter in einen schönen Gewölbekeller geht.

Die kulturhistorischen Glanzlichter sind das *Bischöfliche Palais (Érseki Palota | Vár utca 16),* ein Juwel von 1765 im Zopfstil, sowie die wunderbare frühgotische *Gisela-Kapelle (Gizella kápolna | Vár utca 18)* von 1230 und der *Dom St. Michael (Di–So 10–17 Uhr | Szent Mihály Székesegyház | Vár utca 18–20)* mit einer über 1000-jährigen Geschichte. Am Ende der historischen Straße stehen die Statuen des Königspaars Stephan und Gisela.

KÖNIGIN-GISELA-MUSEUM (GIZELLA KIRÁLYNÉ MÚZEUM)

Das wertvollste Exponat des Kirchenkunstmuseums ist ein golddurchwebtes Messgewand von 1480. *Mai–15. Okt. Mi–Mo 10–17 Uhr | Vár utca 35*

ESSEN & TRINKEN

OLIVA

Zur ungarischen Küche gibt's ein italienisches Ambiente. In der historischen Innenstadt, mit Grillgarten in einem herrlichen Innenhof. Auch ordentliche und helle Pensionszimmer. *Buhim utca 14–16 | Tel. 88 40 38 75 | www.oliva.hu |* €€

TAPÓ

Mit Blick auf den Burgberg sitzt man unter Gewölbedecken in geschmackvollem Landhausdesign. Ungarische Küche mit INSIDER TIPP Spezialitäten wie Mangalica-Schwein und Graurind (auf Vorbestellung). Auch 12 Zimmer. *Pajta utca 19 | Tel. 88 59 14 50 | www.tapo.hu |* €€

HISTORIA & HISTORANTE
Ein elegantes Innenstadthotel in historischen Mauern. Mit Restaurant. *11 Zi. | Toborzó utca 11–13 | Tel. 88 57 70 00 | www.hotelhistoria.hu | €€*

Tourinform | Óváros tér 2 | Tel. 88 40 45 48 | www.veszpreminfo.hu

Apicius *(April–Okt., sonst für Gruppen nach Voranmeldung | Tel. 88 52 32 34 | €€€)* essen die Gäste von kostbarem Herend-Porzellan. *16 km von Veszprém*

ZIRC (129 E4–5) (*∅ E6*)
Wie bedeutend die *Zisterzienserabtei (Rákóczi tér 1 | www.ocist.hu)* von 1182 einmal war, zeigt sich an den Ausmaßen des Klosters. Die *Kirche (Mo–Sa 9–17, So 11–17 Uhr)* wurde 1750 im spätbarocken Stil umgebaut. Franz Anton Maulbertsch malte

Bändeweise Kostbarkeiten: Bibliothek im Stiftsgebäude der Zisterzienserabtei Zirc

HEREND (129 D5) (*∅ E7*)
Die 1826 gegründete *Porzellanmanufaktur (April–Okt. 9–17.30 Uhr, März, Nov.– Weihnachten 9.30–17 Uhr | Kossuth Lajos utca 140 | Tel. 88 52 31 90 | www.herend. com)* machte den Namen Herend weltberühmt. Sie können dort Malern bei der filigranen Arbeit zuschauen und einzigartige Museumsstücke besichtigen. Im eleganten Restaurant und Kaffeehaus

das Bild des Hochaltars. Ein Schmuckstück ist die *Bibliothek (Di–So 9–12, 13–16 Uhr)* im Stiftsgebäude. Wenige Autominuten nordwestlich liegt nahe dem höchsten Bakony-Berg Kőris (709 m) das *Hotel Szépalma (34 Zi. | Porva-Szépalmapuszta | Tel. 88 46 88 88 | www.szepalma.hu | €€– €€€)* mit gutem Restaurant. Das Anwesen war einst ein Gestüt der Grafen Esterházy. *Auskunft: Tourinform | József Attila utca 1 | Tel. 88 41 68 16 | zirc@tourinform. hu | 15 km von Veszprém*

BALATON

Für die Einheimischen ist der Balaton, auf Deutsch Plattensee, ihr „Ungarisches Meer". Mit 79 km Länge, 195 km Uferlinie und 594 km² Wasserfläche ist er der größte See Mitteleuropas.

Mit seinen vielen Yachthäfen, den Stränden, dem Kite- und Surfangebot hält der – mit einer durchschnittlichen Wassertiefe von 3–4 m extrem flache – See Urlaubsvergnügen für Besucher aller Altersgruppen bereit. Per Fahrrad lässt sich der See ganz umrunden. Eine schöne Alternative, nicht nur für schlechtes Wetter, ist die ● Bahnfahrt um den Balaton. Die Gleise verlaufen oft näher am Ufer als Straßen und Radwege. Mit der *Mix Card (2950 Ft. mit Fahrrad | Familien 7790 Ft., nur ohne Fahrrad möglich | erhältlich in Häfen und an Bahnhöfen)* können Sie drei Tage lang mit Bahn und Schiff am und auf dem See fahren. Ausführliche Informationen finden Sie im MARCO POLO Reiseführer „Plattensee".

BALATON-FÜRED

(135 E1) (◻ E7) Das balatonnahe Kurzentrum des Städtchens (13 500 Ew.) erstrahlt wieder in historischer Schönheit. Der Platz *Gyógy tér* öffnet sich zum See hin und mündet in eine Platanenallee mit Panoramablick, die ⚘ *Rabindranath-Tagore-Promenade (Tagore sétány).* An der Zákonyi utca bietet eine kleine `INSIDER TIPP ▶` **Piazza** mit Café am schilfgesäumten See südliches Flair.

Urlaubsoase Ungarisches Meer: Badefreuden, Csárda-Romantik und Vulkane, Yachthäfen und traditionsreiche Weindörfer

ESSEN & TRINKEN

BERGMANN CUKRÁSZDA
Die Kuchen in diesem Café sind die besten am Balaton. *Zsigmond utca 1 | auch Petőfi Sándor utca 64 | www.bergmann cukraszda.hu*

BORCSA
Restaurant in bester Lage an der Promenade. Auf der Speisekarte stehen vor allem Grillgerichte. *Tagore sétány | Tel. 87 58 00 70 | www.borcsaetterem.hu | €*

FREIZEIT & SPORT

Ein sommerlicher Hit bei Groß und Klein ist der *Annagora Aquapark (ab Ende Mai | Fürdő utca 35 | www.annagora.com).*

ÜBERNACHTEN

SILVER RESORT 🌿
Am See, mit Yachthafen, Wellnesscenter, Restaurant und Panoramaterrasse. *81 Zi., Apartments, Suiten | Zákonyi utca 4 | Tel. 87 58 30 00 | www.silverresort.hu | €€€*

Kurgesund das ganze Jahr hindurch: Hévíz besitzt den größten Thermalwassersee der Welt

AUSKUNFT

Tourinform | Blaha utca 5 | Tel. 87 58 04 80 | www.balatonfured.info.hu

KESZTHELY

(134 C2) *(₥ C8)* **Das schöne Städtchen (20 000 Ew.) liegt im äußersten Westen des Balaton.**
Den Mittelpunkt von Keszthely bilden die vollständig restaurierte historische Innenstadt und das prächtige Schloss Festetics.

SEHENSWERTES

BALATON-MUSEUM (BALATONI MÚZEUM)
Interessante Ausstellung zur Geschichte des Sees. *Mai–Aug. tgl. 9–18 Uhr, März/ April und Sept.–Nov. Di–Sa 9–16, Dez.– Feb. 10–16 Uhr | Múzeum utca 2, Eingang Kossuth Lajos utca | www.balatonimu zeum.hu*

SCHLOSS FESTETICS (FESTETICS KASTÉLY ÉS) ★
Mit dem Bau begann der Geheimrat Kristóf Festetics 1745. Sein heutiges, prunkvolles Gesicht verdankt das Schloss dem von Tasziló Festetics 1883–87 veranlassten Ausbau. Kostbarer Bibliothekssaal. *Schlossmuseum Helikon (Helikon Kastélymúzeum) Juni– Sept. tgl. 9–18 Uhr, Juli/Aug. auch Mi 19– 24 und Sa 21–24 Uhr, Okt.–Mai Di–So 10–17 Uhr | Kastély utca 1 | www.helikonkastely.hu*

ESSEN & TRINKEN

VADASKERT CSÁRDA
Wild- und Fischgerichte spielen hier eine Hauptrolle. Direkt am Wald, mit Terrasse. *Im Ortsteil Kertváros | Hévízi út | Tel. 83 31 27 72 | www.vadaskertcsarda.hu | €€*

FREIZEIT & SPORT

Badespaß und ein großes Sportangebot (Ballspielplätze) gibt's am *Városi-Strand* an der Promenade Csík Ferenc sétány.

ÜBERNACHTEN

CASTRUM CAMPING KESZTHELY

Hochklassiger Campingplatz, zentrumsnah, mit Swimmingpools. *Mai–Sept. | Móra F. utca 48 | Tel. 83 31 21 20 | www.castrum.eu*

HELIKON

Direkt am Balaton gelegenes Sport- und Familienhotel mit eigener Strandinsel. *232 Zi. | Balatonpart 5 | Tel. 83 88 96 00 | www.hotelhelikon.hu | €€*

AUSKUNFT

Tourinform | Kossuth utca 30 | Tel. 83 511 661 | www.west-balaton.hu | www.keszthely.hu

ZIELE IN DER UMGEBUNG

BADACSONY ★ ☼ (135 D2) (*Ⓜ D8*)

Wie ein Göttersitz steht der Basaltbrocken am See (15 km östlich von Keszthely). Vom Hafen in dem kleinen, gleichnamigen Ort geht es zwischen Weinstöcken aufwärts und dann die ganze Zeit parallel zum See mit herrlichem Panorama. Günstigen Wein – und meist auch ● Gratisprobieren – gibt es bei den Händlern in ihren Buden entlang dem Sträßchen. Einen schönen Blick über den bekannten Weinort haben Sie von der Terrasse des Restaurants *Kisfaludy ház (Kisfaludy Sándor utca 28 | www.kisfaludyhaz.hu | €€).*

HÉVÍZ ★ (134 C2) (*Ⓜ C8*)

Der rund 45 000 m² große ● Thermalwassersee ist die Attraktion des bekannten Kurorts (4700 Ew.). Der Zugang zum Seebad *Tófürdő (im Sommer 9–18 Uhr, sonst 9–17 Uhr)* liegt in der *Dr. Schulhof Vilmos sétány 1.* Ein klassisches Wellnesshotel mit neuem Erlebnisbad ist das *Danubius Health Spa Resort (210 Zi. | Kos-*

suth Lajos utca 9–11 | Tel. 83 88 94 03 | www.danubiushotels.com/heviz | €€€). Richtung Weinviertel (1000 m vom Bad) liegt *Anett's Villa (Kodály Zoltán utca 61 | Tel. 83 34 01 44 | www.hevizurlaub.com | €)* mit sechs Apartments (Hochsaison ab 42 Euro, Wellness inbegriffen). Im Ortsteil Egregy, dem Weingürtel, gibt es im Weinrestaurant *Marienhof (Máriaudvar | März–Mitte Nov. | Dombföldi út | Tel. 30 5 45 58 49 | www.mariaudvar.hu | €)* gute Hausmannskost und auch drei einfache „Zimmer frei"-Apartments. *Auskunft: Tourinform (mit Fahrradverleih) | Rákóczi utca 2 | Tel. 83 54 01 31 | www.heviz.hu | 3 km nordwestlich von Keszthely*

SIÓFOK

(135 F2) (*Ⓜ E7*) **Die Stadt (25 000 Ew.) ist schon von Weitem an ihrem Wahrzeichen, dem 45 m hohen Wasserturm, zu erkennen.**

Die Innenstadt wird seit einigen Jahren umgebaut und zur Fußgängerzone um-

---

★ **Schloss Festetics**
In Keszthely liegt das drittgrößte Schloss Ungarns
→ S. 58

★ **Badacsony**
Berühmter Weinberg und Urlaubermagnet → S. 59

★ **Hévíz**
Der Kurort am einzigartigen Thermalwassersee → S. 59

★ **Tihany**
Die Halbinsel steht unter Naturschutz und ist eine Perle des Balaton → S. 60

MARCO POLO HIGHLIGHTS

gestaltet. 2012 wurde das hypermoderne Einkaufszentrum *Sió-Plaza* (mit Restaurants, Kasinos, Bowlingbahn, Kino) eröffnet. Auch der schon ein wenig ergraute Wasserturm *(Viztorony)* wurde aufgefrischt. Zum neuen Areal gehört der *Szabadság tér* mit Skulpturen des international renommierten Bildhauers Imre Varga, der in Siófok geboren wurde. Im Sommer ist Siófok der lebhafteste Ort am Balaton. Zur attraktiven Partymeile wurde die Promenade *Petőfi sétány.*

ESSEN & TRINKEN

AMIGO
Sehr beliebtes Restaurant. Ungarische Küche und prima Pizzas. *Fő utca 99 | Tel. 84 31 09 23 | www.amigopizzeria.hu | €*

INSIDER TIPP ▶ MALA GARDEN 〜
Hier summieren sich die Toplage am See, die mediterran-asiatische Küche und die Innenarchitektur zu einer eleganten, entspannten Atmosphäre. Auch Unterkünfte

LOW BUDGET

▶ Eintopf (550 Ft./0,5 l), Lasagne (700 Ft.), Fleischgerichte und Sandwiches gibt's in Siófok günstig in der *Szendvicsbár Főzelékfaló (Fő utca 43).*

▶ Die Fachhochschule für Tourismus in Siófok ist ein schöner Villenbau am See. Hier wohnt man im renovierten *Studentenwohnheim (Fr–So und Juli/Aug. | Petőfi sétány 1, Tel. 84 31 22 44 | auch Szépvölgyi út 2, Tel. 84 31 09 56 | www.siofokvaroskollegiuma.sulinet. hu).* Alle Zimmer mit Bad, Doppelzimmer pro Person ca. 28 Euro, Familienzimmer (vier Personen) ca. 60 Euro.

in verschiedenen Preisklassen. *Petőfi sétány 15/a | Tel. 84 50 66 87 | €€–€€€*

FREIZEIT & SPORT

Sehr beliebt ist der 〜 *Große Strand (Nagystrand),* eine schöne Atmosphäre hat der kleine INSIDER TIPP ▶ *Sóstói-Strand,* der wie eine Halbinsel in den See ragt *(www.balaton-beach.com).*
Thermal- und Erlebnisbad Galérius: Tgl. 9–21 Uhr | Szent László utca 183

AM ABEND

INSIDER TIPP ▶ Sommerevents (Musicals, Tanzperformances) gibt's auf der *Freilichtbühne* im *Jókai-Park.* Partymagneten sind der *Palace Club (Siófok-Ezüstpart)* und das *Coca Cola Beach House (am Petőfi-Strand).*

ÜBERNACHTEN

AZÚR
Elegante Hotelanlage am Seeufer. Badelandschaften, Kinder- und Wellnessprogramme. *220 Zi. | Erkel Ferenc utca 2/C | Tel. 84 50 14 00 | www.hotelazur.hu | €€€*

KENTAUR
Zweistöckige Hotelanlage im Landhausstil. *25 Zi. | Akácfa utca 1 | Tel. 84 35 00 01 | www.hotelkentaur.hu | €€*

AUSKUNFT

Tourinform | Fő tér 11 | Tel. 84 69 62 36 | www.siofokportal.com

TIHANY

(135 E2) *(₥ E7)* ★ **Die Halbinsel (1350 Ew.) mit ihren denkmalgeschützten Fischerhäusern und reetgedeckten Höfen ragt 5 km in den See hinein.**

Immer schön anzusehen sind die reetgedeckten Höfe auf der Halbinsel Tihany

Sie ist 27 km² groß und steht unter Naturschutz. Eine Besonderheit sind die beiden Kraterseen. Der *Innere See (Belső-tó)* ist ein ideales Angelrevier, am *Äußeren See (Külső-tó)* leben viele seltene Vögel.

SEHENSWERTES

ABTEIKIRCHE (TIHANY APÁTSÁG)
Barockkirche (1740–54) mit reicher Innenausstattung. Das Kloster gründete König András I. Sein Grab von 1060 ist der einzige erhaltene Teil der ursprünglichen Kirche. *András tér*

FREILICHTMUSEUM (SKANZEN)
Zu sehen sind u. a. das Haus der Fischerzunft und ein Töpferhaus. *Di–So 10–18 Uhr | Pisky sétány 12 | www.vmmuzeum.hu/de*

ESSEN & TRINKEN

INSIDER TIPP CAFÉ TIHANY
Das Café liegt direkt neben der Fähre und bietet von 9 Uhr bis Mitternacht frische mediterrane Küche von Pizza und Pasta bis Lachssteak. *Rév utca 1 | Tel. 87 43 80 41 | €€*

REGE CUKRÁSZDA ●
Elegantes Café in direkter Nachbarschaft der Abteikirche, auf einem Hügel über dem kleinen Ort. Mit einzigartigem Ausblick von der großzügigen Terrasse. *Kossuth Lajos utca 22 | Tel. 87 44 82 80 | www.regecukraszda.hu | €€*

ÜBERNACHTEN

CLUB TIHANY
Strandhotel mit einem großen Sportzentrum, Thermalquelle, Kur- und Beautyzentrum. *330 Zi., 160 Bungalows | Rév utca 3 | Tel. 87 53 85 00 | www.clubtihany.hu | €€–€€€*

AUSKUNFT

Tourinform | Kossuth Lajos utca 20 | Tel. 87 44 88 04 | www.tihany.hu

DONAUKNIE

Natur und Kultur verbinden sich im Donauknie zu einer einzigartigen Symbiose. Die Donau trägt entscheidend zum Charme der Region bei.

Auf der kurzen Strecke zwischen den schönen Städten Szentendre und Esztergom vollzieht der Fluss gleich mehrere starke Windungen. Gesäumt wird der Wasserlauf von Hügellandschaften wie dem Börzsöny-Gebirge und den Pilis-Bergen. Bis zur ersten Donauschleife bei Vác sind es vom Zentrum Budapests etwa 40 km.

BUDAPEST

KARTE IM HINTEREN UMSCHLAG
(130 B5) (*G–H 5–6*) **Auf der einen Seite das hügelige Buda mit Burg-**berg und Fischerbastei, auf der anderen das flache Pest mit dem Parlament, dazwischen die Donau und ihre Brücken – Budapest ist eine so spektakuläre wie großartig gelegene Stadt.

Ihr eklektizistisch geprägtes Gesicht verdankt die Metropole (1,7 Mio. Ew.) einem unvergleichlichen Bauboom im 19. und 20. Jh. Die wichtigsten Sehenswürdigkeiten liegen nah beieinander auf dem Burgberg und in der Pester Innenstadt. Wer nicht im Zentrum auf Parkplatzsuche gehen und stattliche Gebühren zahlen will, stellt sein Auto ein Stückchen außerhalb ab, zum Beispiel an einer Metrostation, oder lässt es bei der Unterkunft stehen und nimmt Bus und Bahn. Ausführliche Informationen finden Sie im MARCO POLO Reiseführer „Budapest".

Bild: Donauknie

Eine Landschaft, die verzaubert: Berge und Burgpaläste, charmante Städtchen, Kunst und viel Geschichte

CITY **WOHIN ZUERST?**

Batthyány tér (U B3) *(🗺 b3):*
Ein guter Startpunkt in der Hauptstadt ist dieser Platz nahe dem Donauufer auf der Budaer Seite – gleich gegenüber dem Parlament und schräg unter dem historischen Burgberg. Auch die Kettenbrücke haben Sie von hier im Blick. Hier halten die Metro und die ebenfalls unterirdischen Vorortzüge.

SEHENSWERTES

ANDRÁSSY ÚT
(U C–E 2–4) *(🗺 c–e 2–4)*
Die „Champs-Elysées" von Budapest: Der Prachtboulevard öffnet sich am schönen Oktogon-Platz von 34 m auf 45 m Breite.

BURGPALAST (BUDAVÁRI PALOTA)
(U B4–5) *(🗺 b4–5)*
Der erste, später völlig zerstörte Königssitz entstand im 13. Jh., 1715 wurde der Bau eines barocken Palasts begonnen.

Standpunkt für ein phantastisches Donaupanorama: die berühmte Fischerbastei

Nach dem Zweiten Weltkrieg erhielt der Burgpalast ein neobarockes Gesicht. Er beherbergt die Nationalbibliothek und mehrere Museen. *Szent György tér*

FISCHERBASTEI (HALÁSZBÁSTYA) ★ ⚹
(U A4) (🗺 a4)

Das Treppen- und Bastei-Ensemble wurde 1899–1906 auf den Mauern einer mittelalterlichen Befestigungsanlage errichtet. Der Name rührt daher, dass in früheren Zeiten die Fischerzunft für die Verteidigung dieses Teils der Burgmauer zuständig war. *Szentháromság tér*

GELLÉRTBERG (GÉLLERTHEGY)
(U B6) (🗺 b6)

135 m hoch liegt der Hügel mit der Freiheitsstatue über dem Budaer Donauufer. Von der ● ⚹ Zitadelle auf der Kuppe hat man den weitesten Blick über die Stadt. Am Fuß des Berges, bei der Freiheitsbrücke (Szabadság híd), glänzt das prunkvolle, berühmte ● *Gellért-Thermalbad (Kelenhegyi út 4 | www.gellertbad.*

hu), wo Sie auch bei einer kräftigen Massage vom Sightseeing entspannen können. *Szirtes út | Citadella sétány*

INSIDER TIPP ▶ HAUS DER UNGARISCHEN SEZESSION (MAGYAR SZECESSZIÓ HÁZA) (U C3) (🗺 c3)

Das Bedő-Haus von 1903 ist samt Einrichtung ein Jugendstil-Gesamtkunstwerk und wurde zu einem wunderbaren privaten Museum. *Mo–Sa 10–17 Uhr | Honvéd utca 3 | www.magyarszecessziohaza.hu*

HELDENPLATZ (HŐSÖK TERE)
(U E2) (🗺 e2)

Das Millenniumsdenkmal auf dem Heldenplatz wurde aus Anlass des 1000. Jahrestags der Landnahme von 896 in Auftrag gegeben. Seine 21 Statuen erzählen die Geschichte einer stolzen Nation.

KUNSTGEWERBEMUSEUM (IPARMŰVESZETI MÚZEUM)
(U D6) (🗺 d6)

Das Gebäude ist ein Meisterwerk des Jugendstils. In der Ausstellung werden Möbel und Textilien, Keramiken, Glaskunst und anderes Kunsthandwerk gezeigt. *Di–So 10–18 Uhr | Üllői út 33–37 | www. imm.hu*

KUNSTHALLE (MŰCSARNOK) UND MUSEUM DER BILDENDEN KÜNSTE (SZÉPMŰVESZETI MÚZEUM)
(U E2) (⟨⟨ e2)

Die beiden klassizistischen Bauwerke am Heldenplatz wurden 1895 bzw. 1906 fertiggestellt. Die Kunsthalle zeigt wechselnde Ausstellungen zur Gegenwartskunst. Das Museum der Bildenden Künste beherbergt ständige Sammlungen (Antikensammlung, Skulpturen, Galerie des 20. Jhs., Grafiksammlung), die bedeutendste ist die Galerie der Alten Meister. *Kunsthalle Di, Mi und Fr–So 10–18, Do 12–20 Uhr | Dózsa György út 37 | www.mucsarnok.hu | Museum der Bildenden Künste Di–So 10–18 Uhr | Dózsa György út 41 | www.szepmuveszeti.hu | Hősök tere*

MARGARETENINSEL (MARGITSZIGET) ● (U B1–2) (⟨⟨ b1–2)

Die 2,5 km lange und 500 m breite Donauinsel ist ein Erholungs- und Erlebnispark mit Hotels, Open-Air-Bühne, Hallen- und Freibad, japanischem Garten und einer Klosterruine. Ideal geeignet für einen ausgiebigen Spaziergang und eine Pause im Grünen oder für eine Joggingrunde auf der idyllischen Laufbahn um die Insel.

MATTHIASKIRCHE (MÁTYÁS TEMPLOM) (U A4) (⟨⟨ a4)

In dieser neoromanischen Königskirche wurde 1867 das österreichische Kaiserpaar Franz Joseph I. und Elisabeth (Sisi) zum König und zur Königin von Ungarn gekrönt. *Mo–Fr 9–17, Sa 9–12, So 13–17 Uhr | Szentháromság tér | www.matyastemplom.hu*

OPER (OPERAHÁZ) ●
(U C–D4) (⟨⟨ c–d4)

Prachtbau (1875–84) von Miklós Ybl. Der Theatersaal besticht durch seine üppigen Vergoldungen, die prunkvollen Lüster und Wandmalereien. *Führungen auf Deutsch tgl. 15 und 16 Uhr (www.opera visit.hu) | Andrássy út 22 | Tel. 1 3 32 79 14 | www.opera.hu*

PARLAMENT (ORSZÁGHÁZ)
(U B3) (⟨⟨ b3)

Von 1885 bis 1902 waren täglich rund 1000 Menschen mit dem Bau befasst. Er ist 268 m lang und bis zu 118 m breit. Architekt Imre Steindl schuf damit den Eklektizismus schlechthin. Nur im Rahmen von Führungen zu besichtigen. *Führungen auf Deutsch werktags 10, 13 und 14 Uhr | Eintrittskarten gab es bei Redaktionsschluss wegen Umbauarbeiten am Kossuth tér nur im gegenüberliegenden*

MARCO POLO HIGHLIGHTS

★ **Fischerbastei**
Schönster Aussichtspunkt in Budapest → S. 64

★ **Schloss Gödöllő**
Barockjuwel und Lieblingsschloss der Kaiserin Sisi → S. 68

★ **Basilika Mariä Himmelfahrt**
Das monumentale Gotteshaus in Esztergom ist ein Muss → S. 69

★ **Fő tér von Szentendre**
Hauptplatz mit Blick auf die Architektur- und Kunstschätze der Stadt → S. 70

★ **König-Matthias-Palast**
In Visegrád: der prunkvollste Königshof des 15. Jhs. → S. 72

Ethnografischen Museum (Mo 8–11, sonst 8–16 Uhr) | Kossuth Lajos tér | Tel. 1 4 41 49 04 | www.parlament.hu

STADTWÄLDCHEN (VÁROSLIGET)
(U F2–3) (🗺 f2–3)

Im großen Stadtpark gibt es vor allem das um 1900 entstandene *Schlösschen* zu sehen – für die einen Kitsch, für die anderen ein eklektizistischer Märchenbau. Außerdem zu finden: der *Zoologische Garten (Mai–Aug. Mo–Do 9–18.30, Fr–So 9–19 Uhr, März und Sept./Okt. mindestens bis 17 Uhr, Nov.–Feb. bis 16 Uhr | www.zoobudapest.com)* und ein *Zirkus (Shows tgl. 15, Sa auch 11 und 19, So auch 11 Uhr | www.fnc.hu).*

STEPHANSBASILIKA (SZENT ISTVÁN BAZILIKA) (U C4) (🗺 c4)

Die größte Kirche der Stadt mit 8500 Plätzen und der 96 m hohen Kuppel ist ein 1851–1905 entstandener Neorenaissancebau. *Mo–Sa 9–19, So 7.45–19 Uhr | Kuppel Juli–Sept. tgl. 10–18.30, Okt.–Juni 10–16.30 Uhr | Szent István tér | www.bazilika.biz*

LOW BUDG€T

▶ Im 1. Stock der traditionsreichen *Zentralen Markthalle (Mo–Fr 6–17 Uhr, Sa 6–15 Uhr | Vámház körút 1–3 | www.piaconline.hu)* in Budapest essen Sie für 1–2 Euro köstliche *lángos* (Fladen aus Hefeteig, z. B. mit saurer Sahne und Käse).

▶ Das *Easy Hotel (59 Zi. | Eötvös utca 25/a | www.easyhotel.com)* beim zentralen Oktogon-Platz in Budapest hat kleine Standardzimmer ab 30 Euro (Buchung übers Internet).

UNGARISCHES NATIONALMUSEUM (MAGYAR NEMZETI MÚZEUM)
(U D5) (🗺 d5)

Eine Perle des Klassizismus, eindrucksvoll auch von außen wegen der riesigen Freitreppe. Hauptausstellung: die Geschichte Ungarns. *Di–So 10–18 Uhr | Eintritt frei (außer bei einigen Sonderausstellungen) | Múzeum körút 14–16 | www.hnm.hu*

ESSEN & TRINKEN

BAGOLYVÁR ● (U E2) (🗺 e2)

Gute ungarische Hausmannskost, gleich neben dem Stammhaus der Dynastie, *Gundel (www.gundel.hu)*. Zum Dessert gibt's natürlich auch echte Gundel-Palatschinken. *Gundel Károly út 4 | Tel. 1 4 68 31 10 | www.bagolyvar.com | €€–€€€*

GERLÓCZY (U C5) (🗺 c5)

Charmantes Caférestaurant, mittags günstige Menüs (Mo–Do 12–15 Uhr). Auch geschmackvolle Gästezimmer. *Gerlóczy utca 1 | Tel. 1 5 01 40 00 | www.gerloczy.hu | €€*

KAFFEEHÄUSER UND CAFÉS

Neben den traditionellen Kaffeehäusern wie *Gerbeaud (Vörösmarty tér 7 | www.gerbeaud.hu)* (U C5) (🗺 c5), *Centrál Kávéház (Károlyi Mihály utca 9 | www.centralkavehaz.hu)* (U C5) (🗺 c5) und *New York (Erzsébet körút 9–11 | www.newyorkcafe.hu)* (U D4) (🗺 d4) tragen die modernen Cafés viel zum Hauptstadtambiente bei. Die besten Cafészenen sind der *Liszt Ferenc tér* (U D4) (🗺 d4) und die *Ráday utca* mit dem *Soul Café (Nr. 11–13 | www.soulcafe.hu)* (U D6) (🗺 d6).

PAPRIKA VENDÉGLŐ (U F3) (🗺 f3)

Klassisches ungarisches Restaurant nahe dem Heldenplatz. Große Portionen, gemütliche Atmosphäre. *Dózsa György út 72 | Tel. 1 2 94 79 44 | www.paprikavendeglo.hu | €€*

Kaffeehaus-Klassiker mit Stil: das Gerbeaud am Vörösmarty-Platz in Budapest

RIVALDA (U B4) (🗺 b4)
Auf dem Burgberg, feine Küche und gepflegte Atmosphäre. Im Sommer wird nebenan in einem Klosterhof ein Café betrieben. *Színház utca 5–9 | Tel. 1 4 89 02 36 | www.rivalda.net | €€€*

EINKAUFEN
Die Shoppingmeile *Váci utca* (U C5–6) (🗺 *c5–6*) ist komplett als Fußgängerzone angelegt. Ursprünglicher als der obere Abschnitt ist der Teil zwischen Szabad sajtó út und Fővám tér. Rund um den *Móricz Zsigmond körtér* (O) (🗺 *0*) (nahe dem Gellért-Bad) haben sich einige kleine **INSIDER TIPP** Läden alten Stils erhalten – von Kleidung über Hüte bis zu Friseuren, bei denen garantiert noch kein Tourist seine Haare schneiden ließ.

FREIZEIT & SPORT
SZÉCHENYI-THERMALBAD (SZÉCHENYI FÜRDŐ) ● (U E2) (🗺 e2)
Die Becken liegen im herrlichen Innenhof des Thermalbads, das bereits von außen die Blicke der Vorbeigehenden anzieht. Während Sie im Wasser relaxen, genießen Sie den Himmel über sich und die schmuckvollen Fassaden ringsum. *Tgl. 6–22 Uhr | im Stadtwäldchen | www. szechenyifurdo.hu*

AM ABEND
Für Nachtschwärmer ist die Gegend rund um den *Oktogon-Platz* (U D3) (🗺 *d3*) empfehlenswert. Hier können Sie rund um die Uhr essen, trinken und sogar einkaufen. Im *Cotton Club (Jókai utca 26 | Tel. 1 3 54 08 86 | www.cottonclub.hu)* fühlen Sie sich stilvoll zurückversetzt in das Amerika der Goldenen Zwanziger.

ÜBERNACHTEN
COTTON HOUSE (U D4) (🗺 d4)
Guter Standard, jedes Zimmer ist individuell eingerichtet im Stil des frühen 20. Jhs. (z. B. Zimmer „Fred Astaire"). Mit Aqua-Fitness-Center und Sauna. *22 Zi. | Jókai utca 26 | Tel. 1 3 54 26 00 | www. cotton-house-hotel-budapest.com | €*

K + K HOTEL OPERA (U C4) *(c4)*
Sehr gute Unterkunft im Bezirk rund um die Oper mit seinem regen Nachtleben. Moderne, nicht allzu große Zimmer, einwandfreier Service, gutes Frühstücksbüfett. *200 Zi. | Révay utca 24 | Tel. 1 2 69 02 22 | www.kkhotels.com* | €€€

Klassizistische Verzierungen: Kuppel der Basilika Mariä Himmelfahrt in Esztergom

AUSKUNFT

Budapestinfo Pont: Deák Ferenc tér/Sütő utca 2 | Tel. 1 438 80 80 (U C5) *(c5) | auch Andrássy út 47 (am Liszt Ferenc tér)* (U D3) *(d3) und am Flughafen (Terminals 1, 2A, 2B) | Infoschalter am Ostbahnhof (Keleti pályaudvar) | www.budapestinfo.hu*

ZIELE IN DER UMGEBUNG

SCHLOSS GÖDÖLLŐ (KIRÁLYI KASTÉLY) ★ (130 C5) *(H5)*
Schloss Gödöllő, die größte barocke Anlage Ungarns, war das Lieblingsschloss der österreichischen Kaiserin und ungarischen Königin Elisabeth (Sisi). Es wurde im 18. Jh. erbaut und 1867 dem Herrscherpaar Franz Joseph I. und Sisi überlassen. Der Innenhof und die Prunksäle sind auch ein erlesener Rahmen für Schlosskonzerte. Ganz in der Nähe von Gödöllő liegt die Formel 1-Strecke Hungaroring *(www.hungaroring.hu)*, wo man an Tagen der offenen Tür auch selbst ein paar Runden drehen kann. *April–Okt. tgl. 10–18 Uhr, sonst bis 16 Uhr | www.kiralyikastely.hu | 30 km östlich von Budapest*

HOLLÓKŐ (130 C3) *(J4)*
Eine schöne Anfahrt durch bergige Landschaften führt in das malerische Palozendorf (330 Ew.). Ein erster Anziehungspunkt ist die *Burgruine* mit Blick über die Cserhát-Hügel. Besondere Schmuckstücke im Dorf sind die kleine *Kirche,* das *Museum (Kossuth út 82)* und das *Weberhaus (Kossuth út 94).* Saison ist von April bis Oktober Außerhalb der Hochsaison geht es sehr ruhig zu. *www.holloko.hu | 90 km von Budapest*

ESZTERGOM

(130 A4) *(⌖ G5)* **Aus Richtung Visegrád bieten Donauschleife und Burgberg mit der Basilika einen großartigen Anblick.**
Die schönste Annäherung an Esztergom (28 500 Ew.): Parken Sie am Platz *Szent István tér*. Dort nehmen Sie nicht die Treppe zur Basilika, sondern gehen einige Schritte zurück und ✹ folgen der Straße nach oben. Esztergom, einst Königspfalz und erzbischöfliche Residenz, ist im Bewusstsein der Menschen die Wiege der ungarischen Nation und war 250 Jahre lang Königsresidenz.

SEHENSWERTES

BASILIKA MARIÄ HIMMELFAHRT (FŐSZEKESEGYHÁZ) ★ ✹
Das klassizistische Gotteshaus, rund 118 m lang und 48 m breit, wurde 1822–69 errichtet. Es ist die größte Kirche in Ungarn, die 100 m hoch aufragende Mittelkuppel hat einen Durchmesser von 35 m. Zur Einweihung des Doms 1856 komponierte Franz Liszt die „Graner Festmesse". Die *Bakócz-Kapelle* im Innern wurde 1506–11 von italienischen Meistern geschaffen. In der *Schatzkammer* sind unter anderem Gewänder und liturgische Gegenstände seit der Karolingerzeit zu sehen. Einen wunderbaren Ausblick haben Sie von der Kuppel. Doch Vorsicht bei Höhenangst: Das Podest ist kaum breiter als ein Fuß. *April–Okt. tgl. 8–18 Uhr, sonst 8–16 Uhr | Schatzkammer März–Okt. tgl. 9–17 Uhr, Nov. Di–So 9–16 Uhr | Kuppel April–Okt. bei gutem Wetter tgl. 9.30–17 Uhr | Szent István tér | www.bazilika-esztergom.hu*

BURGANLAGE (VÁR)/ BURGMUSEUM (VÁRMÚZEUM) ✹
Die Museumsanlage neben dem Dom umfasst eine restaurierte Burg und den einstigen Königspalast (Királyi palota). Das Areal ging im Mittelalter in den Besitz der Kirche über, deren oberste Repräsentanten ebenso luxuriös residierten wie die weltlichen Herrscher. Die einstigen Empfangsräume des Erzbischofs zieren prächtige Wandgemälde der Frührenaissance, darunter ein Fresko von Sandro Botticelli (1444–1510). *April–Okt. Di–So 10–18 Uhr, Nov.–März 10–16 Uhr | Szent István tér 1 | www.mnmvarmuzeuma.hu*

CHRISTLICHES MUSEUM (KERESZTÉNY MÚZEUM)
Hervorragende Sammlung im einstigen Palais des Primas von Ungarn (u. a. mittelalterliche Tafelbildmalerei, Bildhauerei, Werke italienischer Meister und Gobelins). *März–Nov. Mi/Do 10–17 Uhr, Gruppen auch sonst nach Voranmeldung | Mindszenty tér | Tel. 33 41 38 80 | www. keresztenymuzeum.hu*

RUNDKIRCHE (KEREK TEMPLOM ST. ANNA)
Der beeindruckende, 1828–37 entstandene Bau mit Säulenportal wurde vom Dombaumeister Johann Pákh entworfen. *Rudnay tér | an der Straße nach Dorog*

SZÉCHENYI TÉR
Bürgerstadt aus dem 18./19. Jh. Das *Haus Nr. 25* war 200 Jahre lang eine Apotheke. Eine architektonische Perle ist das *Rathaus* von 1773.

WASSERSTADT (VÍZIVÁROS)
Kommt man von der Burg, erreicht man durch die alten Tortürme die Wasserstadt. Sie war einst das Zentrum der Geistlichkeit.

ESSEN & TRINKEN

CSÜLÖK CSÁRDA
Traditionell ungarische Csárda mit deftigen und durchaus günstigen Speisen.

Batthyány Lajos utca 9 | Tel. 33 41 24 20 | www.csulokcsarda.hu | €–€€

PRÍMÁS PINCE
In einem beeindruckenden historischen Kellergewölbe wird den Gästen traditionelle ungarische Küche serviert. *Szent István tér 4 | Tel. 33 54 19 65 | www.primaspince.hu | €€*

FREIZEIT & SPORT
Viel Spaß, Wellness und ein Viersternehotel bietet der *Aquapark (Aquasziget | Primás sziget/Táncsics Mihály | Tel. 33 511 00).*

ÜBERNACHTEN
ESZTERGOM
In schöner Lage nahe dem Stadtzentrum auf der Prímás-Insel. *36 Zi. | Helischer J. utca | Tel. 33 41 25 55 | www.hotel-esztergom.hu | €–€€*

AUSKUNFT
In Budapest: Budapestinfo Pont | Deák Ferenc tér/Sütő utca 2 | Tel. 1 4 38 80 80 | www.budapestinfo.hu

SZENTENDRE

(130 B4) *(⌂ H5)* **In Szentendre (25 000 Ew.) stellen Besucher das Auto am besten gleich am Donauufer-Parkplatz ab und spazieren zum zentralen Hauptplatz.** Der ⭐ *Fő tér* liegt unweit der Donaupromenade *(Dunakorzó)* und ist das Herz der Stadt. Hier steht auch das schmiedeeiserne *Pestkreuz* von 1752. Seit den Feierlichkeiten zum 1000. Geburtstag von Szentendre 2010 werden umfangreiche Renovierungsarbeiten in der Altstadt dieses historischen Kleinods vorgenommen.

Gegründet wurde Szentendre im 11. Jh. als Sanctus Andreas. Goldene Jahre als Handelszentrum erlebte die Stadt Ende des 17. Jhs. durch serbische Kaufleute und Handwerker, die nach Szentendre geflüchtet waren. Eine neue Blüte erlebte der Ort durch die Ende der 1920er-Jahre gegründete Künstlerkolonie. Von ihrem Schaffen zeugen zahlreiche Künstlermuseen. Die meisten Museen sind von Ende Oktober bis Ende März geschlossen, während der Saison sind sie meist Di–So 10–18 Uhr geöffnet.

SEHENSWERTES
BÉLA-CZÓBEL-MUSEUM
Arbeiten des postimpressionistischen Malers Béla Czóbel. *Templom tér 1*

KÁROLY-FERENCZY-MUSEUM
Károly Ferenczy (1862–1917) zählte zu den Kunstrebellen seiner Zeit und zur ersten Garde der modernen ungarischen Malerei. *Fő tér 6*

FREILICHTMUSEUM (SKANZEN)
Auf dem 46 ha großen Gelände sind Gebäude aus allen Landesteilen aufgebaut. Eine Kostbarkeit ist die *griechisch-katholische Kirche aus Mándok* von 1670. Zu sehen ist auch eine Ausstellung zur Wohn- und Alltagskultur in Ungarn ab Mitte des 18. Jhs. *April–Okt. Di–So 9–17 Uhr | Sztaravodai út | www.skanzen.hu | an der Straße nach Visegrád, 3 km nordwestlich von Szentendre*

KATHOLISCHE PFARRKIRCHE (RÓMAI KATOLIKUS PLÉBÁNIATEMPLOM) ♨
Die Kirche, das einzige Zeugnis des alten Wehrdorfs St. Andreas, wurde im 18. Jh. von katholischen Kroaten im Barockstil umgebaut. Vom Kirchplatz aus hat man eine herrliche Aussicht über die Stadt. *Auf dem Burghügel (Templomdomb)*

MARGIT-KOVÁCS-MUSEUM

Die Keramikkünstlerin und Bildhauerin Margit Kovács (1902–77) wirkte lange im Ausland und kam 1960 nach Szentendre. Das Museum zeigt einen umfassenden Überblick über ihre Kunst. 2011 wurde das Haus nach Renovierung und Erweiterung um einen Flügel neu eröffnet. An den Feiertagen ● **INSIDER TIPP** 15. März, 20. August und 23. Oktober ist der Eintritt kostenlos. *Tgl. 10–18 Uhr | Vastagh György utca 1*

1746 diese spätbarocke Kirche mit ihrem üppigen Dekor. *Bogdányi út*

ESSEN & TRINKEN

PROMENADE

An der Donau gelegenes, schön restauriertes Haus aus dem 17./18. Jh. mit Terrasse. Küche und Service liegen deutlich über dem normalen Niveau. *Futó utca 4 | Tel. 26 31 26 26 | www.promenade-szentendre.hu | €€*

Die ehemalige Künstlerkolonie Szentendre besitzt immer noch viel Atmosphäre

MARIA-VERKÜNDIGUNG-KIRCHE (BLAGOVESTENSKA-KIRCHE)

Das spätbarocke orthodoxe Gotteshaus, erbaut 1752–54, besitzt eine blendend schöne Bilderwand (Ikonostase). Über dem Seitenportal ist Kaiser Konstantin mit der hl. Helena, seiner Mutter, zu sehen. Gegenüber der Kirche führt die Burgtreppe zum ⋇ Burghügel. *Fő tér*

PREOBRASCHENSKA-KIRCHE

Im nördlichen Teil von Szentendre errichteten serbische Bürger um das Jahr

INSIDER TIPP ÚJ MŰVÉSZ

„Künstlergarten" nennt sich dieses Restaurant mit mediterraner Küche und einem hübschen Hof. *Dumtsa Jenő utca 7 | Tel. 26 31 14 84 | €–€€*

EINKAUFEN

Folk-Art-Geschäfte finden sich vor allem in den Gassen beim Fő tér. Es lohnt sich, alle Gassen zu erkunden, denn es gibt hier eine ganze Fülle von Boutiquen und Antiquitätengeschäften.

ÜBERNACHTEN

MATHIAS REX
Gepflegte Hotelpension im Zentrum mit Restaurant in einem Gewölbekeller. *11 Zi. | Kossuth Lajos utca 16 | Tel. 26 50 55 70 | www.mathiasrexhotel.hu | €*

AUSKUNFT

Tourinform | Dumtsa J. utca 22 | Tel. 26 31 79 65 | szentendre@tourinform.hu

VISEGRÁD

(130 B4) *(m H5)* **Der Ort (1800 Ew.) liegt malerisch auf halber Strecke zwischen Szentendre und Esztergom. Die teils steil aufragenden Hügel scheinen geradewegs aus dem Donauufer in den Himmel zu wachsen.**

Wer die schöne Lage Visegráds bei einer ersten „Umrundung" mit dem Auto erleben möchte, fährt an der Fährstation auf die Panoramastraße, die hügelaufwärts

und dann nach links bzw. oberhalb des Salomon-Turms wieder zur Donau führt.

SEHENSWERTES

KÖNIG-MATTHIAS-PALAST (KIRÁLYI PALOTA) ★ ☆

Welch prächtiges Ensemble sich der kunstsinnige König im 15. Jh. gönnte, ist auch nach den Ausgrabungs- und Restaurierungsarbeiten nur zu erahnen: Matthias' Hof war der zu seiner Zeit prunkvollste in Europa, mit rund 350 Räumen und hängenden Gärten. Rote Marmorbrunnen, marmorne Deckenfunde und Fußböden aus kunstvoll bemalter Majolika vermitteln einen Eindruck von der erlesenen Ausstattung. Wegen seiner vier Terrassen wird der Palast auch Terrassenpalast genannt. *Di–So 10–16 Uhr | Mátyás Király múzeum | Fő utca 23*

OBERE BURG (FELLEGVÁR) ☆
Die Ruinen zeigen noch den ungleichmäßigen Grundriss der Anlage, der verhindern sollte, dass Feinde den gesamten

Üppiges Festmahl der Renaissance: Tafelszene im Königspalast von Visegrád

Komplex erstürmen konnten. Die von König Béla IV. im Jahr 1242 errichtete Burg wurde 1702 durch Kriegshandlungen zerstört. Am *Salomon-Turm* vorbei führen schöne Wanderwege durch den Wald hinauf. Vom Burggelände bieten sich phantastische Blicke auf die Donau. *Mai–Sept. tgl. 9.30–18 Uhr, sonst mindestens bis 16 Uhr*

SALOMON-TURM (SALOMON TORONY) ☼

Das romanische „Hochhaus" (33 m) stammt aus einer Zeit, als man Türme errichtete, um in den oberen Räumen Schutz vor Feinden zu finden. Schöne Exponate des Museums sind Brunnen aus dem Terrassenpalast. *Mai–Sept. Mi–So 9–17 Uhr | Salomon torony utca*

ESSEN & TRINKEN

PATAK PARK HOTEL

In schöner Lage unter Bäumen am Bach. Serviert wird ungarische Küche, zum Beispiel Wildgerichte und im Sommer kalte Obstsuppe. Auch vier Zimmer. *Mátyás Király utca 92 | Tel. 26 39 74 86 | www. patakhotel-visegrad.hu | €€*

INSIDER TIPP WINTERGARTEN-RESTAURANT HOTEL SILVANUS ☼

Auf der Terrasse essen Sie hoch oben über der Donau. Zur guten Küche gibt es hier auch bei schlechterem Wetter beste Aussichten, denn die Frontseite ist komplett verglast. Auch sehr gute Zimmer und Wellnessbehandlungen. *Fekete-hégy | Tel. 26 39 83 11 | www.hotelsilvanus.hu | €€€*

FREIZEIT & SPORT

Ein markierter INSIDER TIPP Wanderweg führt durch schönste Landschaft, wie im verwunschenen *Apátkút-Tal* nach *Pilisszentlászlo,* vorbei an einem kleinen Wasserfall und einer Quelle.

ÜBERNACHTEN

VISEGRÁD

An der Donau gelegen, in traditionell-modernem Design mit anspruchsvoller Ausstattung. *73 Zi. | Rév utca 15 | Tel. 26 39 70 34 | www.hotelvisegrad.hu | €€*

AUSKUNFT

Visegrád Tours | Rév utca 15 | Tel. 26 39 81 60 | www.visegrad.hu

ZIELE IN DER UMGEBUNG

NATURSCHUTZGEBIET BÖRZSÖNY-GEBIRGE (130 A–B3) (ᗰ G4)

Wenn Sie in Visegrád mit der Fähre übersetzen, gelangen Sie nach etwa 18 km in die Berglandschaft des Börzsöny-Gebirges, die Teil des Nationalparks Duna-Ipoly ist. In freier Natur auf einem Gipfel liegt das ☼ *Szent Orbán Erdei Hotel (31 Zi. | Kóspallag-Nagyírtáspuszta | Tel. 27 37 80 47 | www.szentorban.hu | €€€)*. Die *Kleinbahn Börzsöny* verkehrt zwischen Nagybörzsöny und Nagyírtáspuszta.

VÁC (130 B4) (ᗰ H5)

Zwischen Szentendre und Visegrád liegt am linken Donauufer die Barockstadt Vác (33 000 Ew.). Mittelpunkt ist der dreieckige *Platz des 15. März (Március 15. tér)* mit dem *Dom (März–Nov. Mo–Sa 10–12 und 13.30–18, So 7.30–19 Uhr)* von 1763 (Kuppelfresken und Hauptaltarbild von Franz Anton Maulbertsch). Gegenüber liegt das *Erzbischöfliche Palais.* Der 15 m hohe *Triumphbogen (Köztársaság út)* wurde anlässlich eines Besuchs der Kaiserin Maria Theresia 1764 errichtet. In der Krypta der einstigen Dominikanerkirche wurde eine Grabstätte mit mumifizierten Leichen gefunden. Die Funde sind im *Memento Mori (März–Okt. Mi/Do 10–17, Fr–So 10–18 Uhr | Március 15. tér 19)* zu sehen. *www.tourinformvac.hu*

GROSSE TIEFEBENE

Die Puszta! Für Besucher ist sie die typische ungarische Landschaft und ein romantischer Mythos. Auf Ungarisch heißt dieses Land östlich der Donau *alföld*.

Die Puszta beginnt südlich der Linie Budapest–Debrecen, sie wird im Westen von der Donau, im Osten von Rumänien und im Süden von Serbien und Montenegro begrenzt. Die Verödung des einst waldreichen Landstrichs ist das Resultat des Mongolensturms im 13. Jh. und der 150-jährigen Türkenherrschaft. Die Menschen flüchteten in befestigte Marktflecken, und das Land verdorrte zur trostlosen Steppe, in der Wanderhirten ein ärmliches Dasein fristeten.

Im 18. und 19. Jh. entwickelten sich einige der Marktflecken zu blühenden Städten, und es entstanden die typischen Puszta-Einzelhöfe *(tanya)*. Heute wird der größte Teil der Region zur Tierhaltung (Gänse, Puten, Rinder, Pferde) und zum Anbau von Gemüse, Obst und Wein genutzt. Ursprüngliche Puszta-Natur überdauerte jedoch in den Nationalparks Hortobágy und Kiskunság.

DEBRECEN

(132 C5) (🗺 N–O5) Ungarns zweitgrößte Stadt (204 000 Ew.) ist das wirtschaftliche und kulturelle Zentrum der Tiefebene.

Die Hochschulen von Debrecen bilden rund 50 000 Studenten aus. In der Geschichtsschreibung spielt die Stadt eine wichtige Rolle, denn sie war zweimal die

Wo der Himmel die Erde berührt: Weite der Puszta und städtische Kleinode mit prächtigen Domen und Jugendstilarchitektur

CITY **WOHIN ZUERST?**

Im calvinistisch geprägten Debrecen sollte jeder Spaziergang mit der **Großen Reformierten Kirche** am Kálvin tér beginnen. Die **Piac utca** als zentrale Achse der Stadt vereinigt die wichtigsten Sehenswürdigkeiten, die zumindest in ihrer Nähe liegen. In den Nebenstraßen mangelt es meist auch nicht an Parkmöglichkeiten.

provisorische Hauptstadt: 1848/49 während des Freiheitskampfs und im Zweiten Weltkrieg als Tagungsort der provisorischen Nationalversammlung. Wes Geistes Kind Debrecen ist, bezeugt die monumentale Reformierte Kirche am Kálvin tér. Die Stadt bekannte sich 1540 zur Lehre des Reformators Calvin, deren Dominanz Debrecen den Beinamen „Rom des Calvinismus" einbrachte. Das Kur- und Erholungsviertel der Stadt ist der *Große Wald (Nagyerdő)*, in dem auch die Universität liegt.

Die Große Reformierte Kirche erinnert auch an den Freiheitshelden Lajos Kossuth

SEHENSWERTES

CSOKONAI-THEATER (CSOKONAI SZÍNHÁZ)

Das 1861 erbaute, glanzvoll renovierte Theater ist nach dem Dichter Mihály Csokonai (1773–1805) benannt, dessen Denkmal am Kálvin tér zu sehen ist. *Kossuth Lajos utca 10 | www.csokonai szinhaz.hu*

DÉRI-MUSEUM

Das Museum in einem Neoempire-Palais von 1926 geht auf die Sammlung griechischer, römischer, ägyptischer und asiatischer Kunst des Wiener Fabrikanten Frigyes Déri zurück. Ausgestellt sind auch Gemälde des ungarischen Malers Mihály Munkácsy. In der Nähe liegt das *Kultur- und Kongresszentrum Kölcsey Központ (Hunyadi utca 1–3)* mit Ausstellungshalle und einem ☀ Panoramafahrstuhl zum **INSIDER TIPP** Dachgartencafé mit bestem Ausblick über Debrecen. *Museum*

April–Okt. Di–So 10–18 Uhr, Nov.–März 10–16 Uhr | Déri tér 1

GROSSE REFORMIERTE KIRCHE (REFORMÁTUS NAGY-TEMPLOM) ★ ☀

Die von 1807 bis 1819 errichtete Kirche mit ihren 61 m hohen Türmen steht auch für eine große Stunde Ungarns: Hier entthronte der Reichstag am 14. April 1849 die Habsburger und setzte den Freiheitshelden Lajos Kossuth (1802–94) als Staatsoberhaupt ein. Kossuths Lehnstuhl wird noch immer wie eine Reliquie verehrt. *Mo–Fr 9–16, Sa 9–13, So nach der Messe bis 16 Uhr | Kálvin tér | www.nagytemplom.hu*

KLEINE REFORMIERTE KIRCHE (REFORMÁTUS KISTEMPLOM)

Das Gotteshaus ist leicht an seinem Zinnenkranzturm zu erkennen und wird im Volksmund „Stummelkirche" genannt. *Révész tér*

PIAC UTCA

An dieser zentralen Achse liegen beeindruckende Bauten des 19./20. Jhs. wie das klassizistische *Rathaus (Nr. 20)* und das Jugendstilhotel *Aranybika (Nr. 11)*.

REFORMIERTES KOLLEGIUM (REFORMÁTUS KOLLÉGIUM)

Das markante klassizistische Gebäude wurde 1804–16 errichtet. Die Bibliothek umfasst über eine halbe Million Bände, im Museum sind kostbare Abendmahlsgefäße zu sehen. *Mo–Sa 10–16 Uhr | Kálvin tér 16*

ST.-ANNA-KIRCHE (SZENT ANNA TEMPLOM)

Mit dieser barocken, 1746 vollendeten Kirche wollte Bischof Csáky ein katholisches Gegengewicht in der calvinistisch geprägten Stadt setzen. *Tgl. 6.30–19 Uhr | Szent Anna út*

ESSEN & TRINKEN

AQUA RESTAURANT

In einem klassizistischen Gebäude in schöner Lage im Großen Wald, beim Erlebnisbad. Gute Küche, attraktiver Garten. *Nagyerdei park 1 | Tel. 52 514111 | www.aquaticum.hu | €€*

LUCULLUS

Traditionelles Ungarnrestaurant im Zentrum, Mo–Fr günstige Mittagsmenüs (schon für gut 1000 Ft.). *Piac utca 41 | Tel. 52 450852 | €*

FREIZEIT & SPORT

Im Großen Wald *(Nagyerdő)* liegen das *Thermalbad (tgl. 7–21 Uhr)* mit guten Kureinrichtungen und das *Thermal- und Wellnesshotel (96 Zi. | Nagyerdei park 1 | Tel. 52 514111 | €€€)*. Attraktiv für Wasserratten ist das *Mediterran-Erlebnisbad*

(Mo–Do 11–21, Fr–So 10–21 Uhr, im Sommer teils länger). www.aquaticum.hu

ÜBERNACHTEN

CENTRUM HOTEL

Direkt an der großen Kirche, modernste Einrichtung und sehr freundliches Personal. *65 Zi. | Kálvin tér 4–8 | Tel. 52 418522 | www.centrumhotel.hu | €€*

KORONA PENSION

Komfortabel eingerichtet, 500 m vom Zentrum. *16 Zi. | Péterfia utca 54 | Tel. 52 535260 | www.koronapanziodebrecen.hu | €*

AUSKUNFT

Tourinform | Piac utca 20 | Tel. 52 412250 | www.iranydebrecen.hu

---

MARCO POLO HIGHLIGHTS

⭐ **Große Reformierte Kirche**
Das größte calvinistische Gotteshaus Ungarns – in Debrecen
→ S. 76

⭐ **Hortobágy-Nationalpark**
Faszinierende Puszta-Natur und Hirtenleben → S. 79

⭐ **Dom von Kalocsa**
Prächtiger Barockbau in einem beschaulichen Städtchen
→ S. 80

⭐ **Jugendstil-Rathaus**
Die architektonische Perle der rundum schönen Puszta-Stadt Kecskemét → S. 81

⭐ **Domplatz und Votivkirche**
Beeindruckender Mittelpunkt der Stadt Szeged → S. 84

HAJDÚ-SZOBOSZLÓ

(132 B5) (🗺 N6) Die Silben „Hajdú" am Anfang eines Ortsnamens weisen auf den Landstrich Hajdúság hin, in dem die kriegerischen Hajduken lebten.

Sie führten noch bis ins 19. Jh. ihr militärisch geprägtes Leben. Hajdúszoboszló (24 000 Ew.) hat sich durch die Thermalquelle und den Aquapark zu einem aufstrebenden Kurort entwickelt. Weitere Attraktionen außer dem riesigen Bad und zahlreichen „Zimmer frei"-Angeboten finden sich hier eher nicht.

SEHENSWERTES

ISTVÁN-BOCSKAI-MUSEUM

Verschiedene Sammlungen, unter anderem zur Ortsgeschichte, dazu Gemälde, Grafiken und Volkskunst (in drei Häusern). *April–Okt. Di–So 10–18 Uhr, Nov.–März 9–16 Uhr | Bocskai utca 12*

ESSEN & TRINKEN

KARIKÁS

Restaurant mit ungarischer Küche und hübscher Terrasse. Auch Pension mit 29 Zimmern (*€–€€*). *Hőforrás utca 27–33 | Tel. 52 27 31 01 | www.karikas.hu/de | €*

KEMENCÉS CSÁRDA

In der „Ofen-Csárda" gibt es zum Beispiel Fladenbrot, Ente oder gefülltes Kraut. Auch eine Pension mit recht günstigen Übernachtungen. *Daru zug 1a | Tel. 52 36 22 21 | €*

FREIZEIT & SPORT

Hajdúszoboszló besitzt das größte *Thermal- und Erlebnisbad* Ungarns. Ein großer Spaß ist der *Aquapark* mit seinen vielen Attraktionen. *Thermalbad tgl. 7–19 Uhr | Freibad Mai, Sept. 9–18 Uhr, Juni–Aug. 8–19 Uhr | Aquapark Juni–Aug. 10–18 Uhr | Schwimmhalle Mitte Juni–Aug. 9–19 Uhr, sonst Mo–Fr 15–19, Sa, So 9–19 Uhr | Szent István park utca 1–3 | www.hungarospa.hu*

ÜBERNACHTEN

KRISTÁLY

Modernes Mittelklassehotel mit Restaurant und gutem Preis-Leistungs-Verhältnis. Das Thermalbad liegt in nur 150 m Entfernung. *32 Zi. | Bányász utca 35 | Tel. 52 55 77 50 | www.hotelkristaly.hu | €–€€*

KURHOTELS

Zu den Häusern im gehobenen Segment gehören das Hotel *Aqua-Sol (142 Zi. | Gábor Áron utca 7–9 | Tel. 52 27 33 10 | www.hunguesthotels.hu | €€)* mit Badelandschaft und Kurzentrum sowie das *Silver (170 Zi. | Mátyás Király sétány 25 | Tel. 52 36 38 11 | www.hotelsilver.hu | €€€).* Das mittelgroße Kurhotel *Mátyás Király (108 Zi. | Mátyás Király sétány 17 | Tel. 52 36 02 00 | www.matyashotel.hu | €€)* bietet auch Superior-Zimmer.

AUSKUNFT

Tourinform | Szent István park 1–3 | Tel. 52 55 89 28 | www.hajduszoboszlo.hu

HORTOBÁGY

(132 B5) (🗺 M5) Hortobágy (1500 Ew.) verdankt seine Besucherströme einer berühmten Brücke, einer ebenso bekannten Csárda und dem Nationalpark.

Der ganze Ort besteht aus dem Zentrum bei der Brücke – direkt an der Durchfahrtsstraße – mit Verkaufsständen, Restaurants, Parkplätzen und Museum sowie einigen Wohnstraßen. Der Nationalpark ist Teil der größten zusammenhängenden Grassteppe in Europa.

SEHENSWERTES

NEUNBOGENBRÜCKE (KILENCLYUKÚ HÍD)

Das Bauwerk von 1827 ist mit seinen 167 m die längste Steinbrücke Ungarns. Sie verbindet die beiden Ufer des Hortobágy-Kanals miteinander.

ESSEN & TRINKEN

HORTOBÁGYI CSÁRDA ⏱

Mit seinem Gedicht „Die Hortobágyer Wirtin" setzte Ungarns Nationaldichter Sándor Petőfi (1823–49) dem 1781 errichteten Gasthaus ein unvergängliches Denkmal. Es ist das älteste Gebäude der Puszta. Auf der Speisekarte der Csárda stehen ausschließlich Biogerichte, zum Beispiel mit Fleisch vom Graurind, Büffel, Perlhuhn oder auch Mangalica-Schwein. *Petőfi tér 1 | Tel. 52 58 93 39 | €€*

AUSKUNFT

Tourinform | Petőfi Sándor tér 5–7 | Tel. 52 36 91 40 | www.hortobagy.eu

ZIEL IN DER UMGEBUNG

HORTOBÁGY-NATIONALPARK (HORTOBÁGY NEMZETI PARK) ★

(132 A–B5) (*M–N 5–6*)

In diesem Nationalpark stehen 520 km^2 Naturlandschaft unter Schutz. In der Puszta zu Hause waren früher vor allem das ungarische Graurind mit den geschwungenen Hörnern und die Zackelschafe. Nahe dem Dorf Hortobágy gibt es mehrere Erlebnisareale, so auch die „Nationale Tierschau" mit vielen alten Haustierrassen. Auf dem Geflügelhof tummeln sich Kupfertruthähne und Perlhühner. Im Nordteil weidet die größte

Ein bisschen wie in alten Zeiten: Pferdehirten machen Pause in der Hortobágy-Puszta

Graurinderherde des Parks. Besonders geschützte Landschaften wie die Sümpfe und Fischteiche nahe Hortobágy können auf Lehrpfaden besichtigt werden. Infos, Karten und Tickets gibt es bei Tourinform in Hortobágy. *www.hnp.hu*

KALOCSA

(136 B3) *(Ø G9)* Die ruhige, beschauliche Kleinstadt (17 000 Ew.) glänzt am Domplatz mit barocker Pracht.

Das Erzbistum, im Jahr 1008 von König Stephan gegründet, war nach Esztergom der zweitwichtigste Bischofssitz. Berühmt ist Kalocsa außerdem für seine Paprikafelder und für seine farbenfrohe Volkskunst. So ist auch der Bahnhof von 1882 wunderbar bemalt.

SEHENSWERTES

DOM (FŐSZEKESEGYHÁZ) ★

Der mittelalterliche Dom wurde während der Religionskriege zerstört, die barocke Erzbistumskirche entstand 1735–54. Das Innere schmücken feine Stuckaturen und Barockaltäre. *Bei Redaktionsschluss wegen Restaurierungsarbeiten für unbestimmte Zeit geschl. | Szentháromság tér*

ERZBISCHÖFLICHES PALAIS (ÉRSEKI PALOTA)

Diese herrschaftliche Barockresidenz von 1776 beherbergt eine einzigartige Bibliothek. *Di–So 9–17 Uhr | nach Anmeldung | Tel. 78 46 21 66 | Szentháromság tér 1*

INSIDER TIPP PAPRIKAMUSEUM (PAPRIKA MÚZEUM) ●

Die Geschichte der Paprika in der Region (Kalocsa sieht sich als Paprikametropole) und ihre Anwendung im Speiseplan der Menschen werden Ihnen hier durchaus charmant vor Augen geführt. *April–Mitte Okt. Di–So 9–17 Uhr, Mitte–Ende März und Mitte–Ende Okt. Di–So, Nov. Fr–So 10–16 Uhr | Szentháromság tér 2–3*

KÁROLY-VISKI-MUSEUM

Ein lokalgeschichtliches Museum mit verschiedenen Sammlungen (Volkskunst, Mineralien, Münzen, Edelsteine). *Mitte März–Mitte Mai und Mitte Sept.–Okt. Di–Sa, Mitte Mai–Mitte Sept. Mi–So 9–17 Uhr | István király utca 25*

ESSEN & TRINKEN ÜBERNACHTEN

HOTEL KALOCSA

Gute Küche wird hier in einem 200 Jahre alten Stadtpalais mit nettem Innenhof serviert. Auch das beste Hotel der Stadt (29 Zi.), mit einem Wellnessbereich. *Szentháromság tér 4 | Tel. 30 6 53 14 43 | €€–€€€*

EINKAUFEN

HAUS DER VOLKSKUNST (NÉPMÜVÉSZETI HÁZ)

In einem restaurierten Bauernhaus werden die berühmten Kalocsa-Stickereien und andere ortstypische Volkskunst gezeigt. *Mitte April–Mitte Okt. Di–So 10–17 Uhr | Tompa Mihály utca 5–7*

AUSKUNFT

Kalocsa besitzt kein Tourinform-Büro, aber *www.kalocsa.hu* bietet Informationen auf Deutsch. Außerdem: *Kalocsa Korona Tours | Szent István király utca 5 | Tel. 78 46 18 19 | www.koronatours.hu*

Die berühmte Kalocsa-Stickerei

KECSKEMÉT

(137 D2) *(⌘ J7–8)* **Dem heiteren Charme von Kecskemét (112 000 Ew.) kann sich niemand entziehen. Im autofreien Zentrum bieten sich aus jeder Perspektive zauberhafte Ausblicke.**

Kirchtürme, orientalisch anmutende Kuppeln, schöne Fassaden und dekorative Giebel: Die besten Architekten des Landes haben hier ihre Spuren hinterlassen, darunter die Großen des Jugendstils.

SEHENSWERTES

CIFRA-PALAST (CIFRA PALOTA)

Der „Bunte Palast" von 1902 mit farbigen Dachziegeln und prachtvoller Majolika ist ein Meisterwerk der Sezession. Innen, in der *Kecskeméter Galerie (Kecskeméti Képtár | Di–So 10–17 Uhr)* mit ihrem renovierten Prunksaal, ist eine ständige Ausstellung ungarischer Malerei des 19. und 20. Jhs. zu sehen. *Rákóczi út 1*

EVANGELISCHE KIRCHE (EVANGÉLIKUS TEMPLOM)

Die 1863/64 nach Plänen von Miklós Ybl errichtete neoromanische Kirche besticht durch ihre klare Schönheit. *Arany János út*

GROSSE KIRCHE (NAGYTEMPLOM)

Die größte spätbarocke Kirche der Tiefebene. Das elegant aufstrebende katholische Gotteshaus, das 1774–1806 erbaut wurde, steht in der Nähe des Rathauses. Der 74 m hohe ⚜ Kirchturm hält herrliche Ausblicke bereit. *Mo–Fr 9–18, Sa 9–12, So 15–18 Uhr | Kossuth tér 2*

JUGENDSTIL-RATHAUS (VÁROSHÁZA) ★

Eine Perle des ungarischen Jugendstils ist das Rathaus (174 Räume) mit seinen glasierten Dachziegeln, der majolikaverzier-

Architektonische Schmuckstücke rund um den Kossuth-Platz in Kecskemét

ten Fassade, dem aufstrebenden Giebel (mit Ziegenbock-Stadtwappen) und den Türmchen. Das Meisterwerk wurde 1893–97 von den Architekten Ödön Lechner und Gyula Pártos gebaut. Dreimal am Tag – um 12, 18 und 20 Uhr – ertönt vom Rathausturm ein schönes **INSIDER TIPP** Melodienmedley. *Kossuth tér 1*

JÓZSEF-KATONA-THEATER (KATONA JÓZSEF SZÍNHÁZ)

Das prächtige neobarocke Theater entstand nach den Plänen der Wiener Architekten Hermann Hellmer und Jakob Fellner. Vor dem Gebäude steht eine figurenreiche Dreifaltigkeitssäule von 1742 zur Erinnerung an die Pest. *Katona tér 5 | www.kecskemetikatona.hu*

MUSEUM DER NAIVEN KÜNSTLER (MAGYAR NAÍV MÜVÉSZEK MÚZEUM)

Die ständige Ausstellung wie auch die Wechselausstellungen in dem 200 Jahre alten Haus geben einen Überblick über die naive Kunst und die Volkskünstler des Landes. *15. März–Ende Okt. Di–So 10–17 Uhr | Gáspár András körút 11*

ST.-NIKOLAUS-KIRCHE (SZENT NIKLOS TEMPLOM)

Die im 14. Jh. noch gotische Franziskanerkirche wurde im 17. Jh. im Barockstil umgebaut. *Kossuth tér 5*

SYNAGOGE (ZSINAGÓGA)

Orientalisches Flair verbreitet die Synagoge, heute das *Haus der Wissenschaft und Technik (Tudomány és Technika Háza).* Das Gebäude wurde 1856–71 im maurisch-romanischen Stil errichtet. *Mo–Fr 9–18 Uhr | Rákóczi út 2*

ESSEN & TRINKEN

KECSKEMÉTI CSÁRDA & BORHÁZ

Garten- und Weinrestaurant mit ungarischer Küche. Geschmackvolles Landhausdesign. *Kölcsey utca 7 | Tel. 76 48 86 86 | www.kecskemeticsarda.hu | €€–€€€*

INSIDER TIPP ROZMARING ÉTTEREM & BISZTRÓ

Bistro und Restaurant mit leichter, gesundheitsbewusster Küche, die überwiegend auf regionale Bioprodukte zurückgreift.

Bei Redaktionsschluss war der Umzug vom Szabadság tér 2 in die Mária utca 1 (200 m entfernt) angekündigt | Tel. 76 50 91 75 | www.rozmaringbisztro.hu | €€

FÁBIÁN PANZIÓ

Pension mit lichter Atmosphäre, einem schönen Garten und freundlichem Service. *10 Zi. | Kápolna utca 14 | Tel. 76 47 76 77 | www.panziofabian.hu | €*

GRANADA WELLNESS

Wellnesshotel am Waldrand, 7 km vom Zentrum. Mit Restaurant und Bowlingbahn. *26 Zi. | Harmónia utca 12 | Tel. 76 50 31 30 | www.granadahotel.hu | €€*

AUSKUNFT

Tourinform | Kossuth tér 1 | Tel. 76 48 10 65 | www.visitkecskemet.com

ZIELE IN DER UMGEBUNG

BUGAC-PUSZTA (137 D2–3) (*⌖ J8*)

Die 110 km² große Bugac-Puszta ist der meistbesuchte Teil des 480 km² großen Nationalparks Kiskunság (*Kiskunság Nemzeti Park,* Kleinkumanien). Sand und Sanddünen, Wacholder, Weideland und Erlenwald verleihen dieser Landschaft einen einzigartigen Reiz. In die Puszta gelangen Besucher nur zu Fuß (Rundwanderweg), zu Pferd (Reitwege) oder mit einer der Pferdekutschen, die am Eingang warten. Ein kleines *Hirtenmuseum (Pásztormúzeum)* in einem Rundbau informiert über das Leben der Puszta-Bewohner. Gegenüber finden Vorführungen mit tollkühnen Reitern statt *(April–Sept., meistens mittags, Juli/Aug. zumeist mehrere Shows | Buchung am Eingang zum Nationalpark). Tel. 76 57 51 12 | www.bugacpuszta.hu*

FÜLÖPHÁZA (137 D2) (*⌖ J8*)

Etwa 20 km westlich von Kecskemét finden Sie Teile des Nationalparks Kiskunság und typische Einzelhöfe *(tanya).* Sie vermitteln noch einiges an Puszta-Gefühl. Mit einer *tanya* in Fülöpháza hat sich Claudia Kaufmann, die in Wien Modedesign studierte, den Traum von einem anderen Leben erfüllt: Im `INSIDER TIPP` *Akazienhof (4 Zi., 1 separates Haus | Tel. 20 4 67 41 37 | Tel. in Österreich 0699 10 97 76 98 | www.akazienhof.org | €)* erwartet die Gäste ein liebevoll restaurierter Reetdachhof mit bester Betreuung. Zum Angebot gehören auch Reittouren (nur Mai–Aug., Okt. auf Anfrage) und Kutschfahrten.

SZEGED

(138 A5) (⌖ K10) **Steht man auf dem Domplatz vor der großartigen Votivkirche, fällt es schwer zu realisieren, dass die Universitätsstadt (162 000 Ew.) ihr heutiges Gesicht einer Katastrophe verdankt: der großen Flut von 1789.**

In den Wassermassen der Flüsse Maros und Theiß *(Tisza)* versanken damals Tausende von Häusern. Innerhalb von nur zehn Jahren entstand auf dem Reißbrett das neue Szeged mit großzügigen Straßen, Monumenten, Plätzen und Grün-

---

CITY **WOHIN ZUERST?**

In Szeged ist es nicht leicht, einen zentralen Parkplatz zu finden. Um die Innenstadt kann man im Prinzip nur herumfahren. Parkscheine selbst außerhalb des direkten Zentrums müssen in Kiosken oder anderen Läden (z. B. Lebensmittelläden) erworben werden. Bester Startpunkt für die Besichtigung ist die **Votivkirche** am Domplatz.

anlagen. Die Frei- und Thermalbäder von Szeged finden Sie am der Innenstadt gegenüberliegenden Theißufer.

SEHENSWERTES

DOMPLATZ (DOM TÉR) UND VOTIV-KIRCHE (FOGADALMI TEMPLOM) ★

Die 1913–30 erbaute neoromanische *Votivkirche (tgl. 8–17 Uhr | Besichtigung der Kuppel 650 Ft.)* am Domplatz ist das Wahrzeichen der Stadt. Ihre Ausmaße: 81 m lang, 51 m breit, zwei 91 m hohe Türme und dazwischen die 54 m hohe Kuppel im byzantinischen Stil. Die Orgel ist mit fünf Manualen und 10 000 Pfeifen eine der größten in Europa. Gegenüber der Kirche liegt die *Nationale Gedenkhalle* mit den Statuen der 100 bedeutendsten Persönlichkeiten des Landes.

FERENC-MÓRA-MUSEUM

Das Museum zeigt archäologische Funde, naturwissenschaftliche Exponate, Volks-kunst und eine Sammlung zu Ehren des Schriftstellers und Museumsdirektors Ferenc Móra (1879–1934). *Di–So 10–17 Uhr | Roosevelt tér 1–3*

NEUE SYNAGOGE (ÚJ ZSINAGÓGA)

Das Gotteshaus (errichtet von 1900 bis 1903) ist ein maurisch geprägtes Jugend-stiljuwel. Den prachtvollen Innenraum schließt eine Glaskuppel ab, die das Him-melsgewölbe symbolisiert. *April–Sept. Mo–Fr, So 10–12 und 13–17 Uhr, Okt.–März Mo–Fr, So 9–14 Uhr | Hajnóczy utca | www.zsinagoga.szeged.hu*

INSIDER TIPP PICK SALAMI UND SZEGED PAPRIKA MUSEUM

Eine interessante Ausstellung für Fans dieser beiden legendären ungarischen Spezialitäten. Mit Verkauf direkt aus dem Firmengeschäft (Laden auch ohne Muse-umsbesuch zugänglich). *Di–Sa 15–18 Uhr | Felső Tisza-part 10 | www.pickmuzeum.hu*

Gotteshaus im maurisch geprägten Jugendstil: die Neue Synagoge in Szeged

RATHAUS (VÁROSHÁZA)

Das Rathaus liegt am großen, zentralen Széchenyi-Platz. Der neobarocke Bau von 1883 mit dem markanten Mittelturm steht der Prachtarchitektur von Schlössern nicht nach. *Széchenyi tér*

ESSEN & TRINKEN

GÖDÖR

Besonders in der warmen Jahreszeit, wenn die gemütliche Terrasse geöffnet ist, können Sie hier sehr zentral ungarische Küche oder auch nur ein kühles Bier genießen. *Tisza körut 103 | Tel. 62 42 01 30 | €*

HALÁSZCSÁRDA

Feines Fischrestaurant am Roosevelt-Platz (im Sommer mit Gartenrestaurant). Eine Spezialität ist die Szegeder Fischsuppe. *Roosevelt tér 14 | Tel. 62 55 59 80 | www.sotarto-halaszcsarda.hu | €€*

VIRÁG

Klassische Café-Konditorei am hübschen Klauzál-Platz. *Klauzál tér 1*

ÜBERNACHTEN

ALFA

Hier wohnen Sie in einem angenehm kleinen Hotel, das nur 1 km außerhalb des Zentrums beim Messeturm liegt. *26 Zi. | Teréz utca 30 | Tel. 62 42 44 00 | www.alfa-hotel.hu | €–€€*

TISZA HOTEL

Innenstadthotel mit klassizistischem Charme und denkmalgeschützten Sälen. *55 Zi. | Széchenyi tér 3 | Tel. 62 47 82 78 | www.tiszahotel.hu | €–€€*

AUSKUNFT

Tourinform | Dugonics tér 2 | Tel. 62 48 86 90 | www.szegedtourism.hu

ZIELE IN DER UMGEBUNG

GYULA (139 D4) (𝄞 N8)

Nur 5 km von der rumänischen Grenze entfernt und 105 km nordöstlich von Szeged liegt das Kurstädtchen Gyula (32 000 Ew.) mit der einzigen erhaltenen *Ziegelburg* Ungarns (mit Museum) sowie dem *Thermal-Burgbad* (Wellnesscenter mit 480-m²-Erlebnisbecken) und dem *Freibad (Várkert utca 2 | www.varfurdo. hu)* im Schlosspark. Die gotische Burg (15. Jh.) ist im Sommer Kulisse für Freilichtspiele.

Das *Elizabeth (49 Zi. | Vár utca 1 | Tel. 66 56 02 40 | www.elizabeth-hotel.hu | €€–€€€),* Gyulas neuestes und elegantestes Hotel, bietet einige Zimmer mit Blick auf die Burg. Mit Café, Restaurant und Wellnessbereich.

KÉTPÓ (137 F1) (𝄞 L7)

30 km südöstlich von Szolnok, in Kétpó, liegt einsam in der Puszta das *Schlosshotel Almásy (19 Zi. | III. Külterület 84 | Tel. 56 70 88 00 | www.almasyhotel.hu | €€).* Das Hotel ist teils relativ einfach ausgestattet, verfügt aber über ein Restaurant, einen Außenpool und einen Tennisplatz.

ÓPUSZTASZER (138 A4) (𝄞 K9)

Welches Geschichtsverständnis Ungarn prägt, zeigt der 55 ha große *Nationale Historische Gedenkpark (Nemzeti Történeti Emlékpark) Ópusztaszer.* Im Freilichtmuseum sind auch originalgetreue Häuser wie ein Fischerhaus oder das Haus eines Zwiebelzüchters zu besichtigen. Das Herz der Gedenkstätte ist die Rundhalle mit dem 120 m langen Panoramagemälde „Einzug der Magyaren" von Árpád Feszty. *April–Okt. Di–So 10–18 Uhr, Nov.–März 10–16 Uhr | Szoborkert 68 | www.opusztaszer.hu | 30 km nördlich von Szeged*

NORDUNGARN

Zwischen dem nördlichen Rand der Großen Tiefebene und der Grenze zur Slowakei reihen sich Ungarns höchste Erhebungen Cserhát, Mátra, Bükk und Zemplén diagonal aneinander.

Die prächtige Stadt Eger, die Baradla-Höhle, Weinlandschaften und die Palozenkultur sind nur einige der Attraktionen in dieser Berg- und Hügelregion. Die Palozen sollen Nachfahren turkstämmiger Kumanen vom Kaspischen Meer sein, die im 12./13. Jh. nach Ungarn kamen.

Die über 1000 Jahre alte Bischofsstadt hat im Lauf ihrer Geschichte manchen Sturm überstanden. Dem Türkenangriff von 1552 konnte Eger unter Führung des Burghauptmanns István Dobó noch standhalten, die Stadt fiel jedoch 1596 in türkische Hand und blieb bis 1687 besetzt. Mit dem Wiederaufbau begannen die Bischöfe im 18. Jh. An den Hängen des Bükk-Gebirges stehen die Rebstöcke für bekannte Weine wie Erlauer Stierblut (Egri Bikavér) und Erlauer Mägdelein (Egri Leányka).

EGER

(131 E3) (*M L4*) Diese Perle des Barockstils (55 000 Ew.) zwischen Mátra- und Bükk-Gebirge ist eine Augenweide.

SEHENSWERTES

BASILIKA (BAZILIKA)

Die gewaltige Bischofskirche – sie ist 93 m lang und 53 m breit – wurde 1831

Bild: Baradla-Höhle im Nationalpark Aggtelek

Land der Berge, Weine und Höhlen: die waldreichen Höhenzüge des Nordens und ihre spannenden Attraktionen

CITY ▼ **WOHIN ZUERST?**

In Eger dreht sich alles um das **Bischofspalais** und die pompöse **Basilika** gleich gegenüber, beide am Eingang zur Fußgängerzone der Altstadt. Wer erst einmal Erholung braucht, kann auch am **Thermalbad** die Entdeckungstour beginnen. Hier lassen sich auch meist Parkplätze finden, direkt an der Basilika kann es dagegen schwierig werden.

gebaut. In ihrem Inneren befindet sich die größte Orgel Ungarns. Nur von 11 bis 12 Uhr mittags wird für den Besuch der Basilika ein kleiner Eintritt verlangt. Dafür können Sie in dieser Zeit einen kleinen **INSIDER TIPP** Orgelvortrag genießen (sonntags meist etwa eine Stunde später). *Tgl. 6–19.30 | Pyrker tér*

BISCHOFSPALAIS (GÓTIKUS PÜSPÖKI PALOTA) ★

Das Juwel der Burganlage von Eger ist das spätgotische Bischofspalais (15. Jh.)

Altehrwürdiges Bildungsinstitut: die Bibliothek des Erzbischöflichen Lyzeums in Eger

mit dem anmutigen Arkadengang. Von der Bischofsstadt aus dem 13. Jh. sind ansonsten nur Ruinen geblieben, wie zum Beispiel die Überreste der romanisch-gotischen Kathedrale. Schon die schöne Aussicht ist den ☀ Weg zur Burganlage jenseits des Flusses Eger wert. Das *István-Dobó-Burgmuseum (Mai–Aug. Di–So 8–20, April, Sept. 8–19, März, Okt. 8–18, sonst 8–17 Uhr | Vár 1 | www.egrivar.hu)* in der Burganlage zeigt unter anderem eine Gemäldeausstellung.

ERZBISCHÖFLICHES LYZEUM (LÍCEUM)
Das Deckenfresko des österreichischen Malers Johann Lukas Kracker in der *Bibliothek (April–Sept. Di–So 9.30–15 Uhr, Okt.–März 9.30–13.30 Uhr)* des einstigen Erzbischöflichen Lyzeums (1763) zeigt im unteren Teil das Konzil von Trient (1545–63). Im oberen Teil „zieht" es architektonische Elemente wie Säulen und Fenster bis hinauf in die Kuppel, die so bedeutend höher wirkt, als sie tatsächlich ist. *Esterházy tér*

ERZBISCHÖFLICHES PALAIS (ÉRSEKI PALOTA)
Das Palais ist ein hufeisenförmig angelegtes barockes Ensemble mit klassizistischen Ergänzungen. *Széchenyi utca 1–3*

INSIDER TIPP ERZBISCHÖFLICHE WEINKELLER
Eine Entdeckung sind die alten, 3 km langen Weinkeller unter der Stadt mit einem „Säulensaal". Führungen zur vollen Stunde (warme Kleidung anziehen!). Der Eingang zur „Stadt unter der Stadt" liegt hinter dem Palast (gegenüber der Dobos-Konditorei durch den Palasthof gehen). *April–Okt. tgl. 10–20, sonst 10–17 Uhr (letzte Führung 19 bzw. 16 Uhr) | Tel. 36 31 08 32 | www.varosavarosalatt.hu*

KLEINPROBSTPALAST (KISPRÉPOSTI PALOTA) UND GROSSPROBSTPALAST (NAGYPRÉPOSTI PALOTA)
Die beiden eleganten Paläste wurden 1758 bzw. 1849 vollendet. *Kossuth Lajos utca 4 und 16*

LIEBFRAUENTAL (SZÉPASSZONYVÖLGY) ●

An diesem herrlichen Fleckchen – einige Hundert Meter vom Stadtkern entfernt – reiht sich ein traditionsreicher Weinkeller an den nächsten. Nach einem kleinen Rundgang sind Sie Weinkenner und reif für eines der zahlreichen Restaurants. *www.szepasszonyvolgy.hu*

MINARETT (MINARET) ☼

Das 35 m hohe Bauwerk von 1596 war Teil einer Moschee. Von oben haben Sie einen schönen Rundblick, doch Schwindelfreiheit ist auf der schmalen Plattform oben erforderlich. *April–Sept. tgl. 10–18 Uhr, Okt. 10–17 Uhr | Knézich Károly utca 4 | www.minareteger.hu*

SERBISCH-ORTHODOXE KIRCHE (RÁC TEMPLOM)

Die großartige Ikonostase von 1789 lohnt den Weg hierher. *Di–So 10–16 Uhr | Vitkovics utca 30*

ST.-ANTONIUS-KIRCHE (SZENT ANTÓNIUS TEMPLOM)

Eine herausragende Barockkirche mit nach vorn gewölbtem Mitteltrakt und Doppeltürmen, errichtet 1758–73 nach Plänen von Kilian Ignaz Dientzenhofer. Bei der Kirche liegt das ehemalige Minoritenkloster. *Dobó tér*

ESSEN & TRINKEN

ARANY OROSZLÁN

Auf der Terrasse des „Goldenen Löwen" im barocken *Offi Ház* sitzen Sie am historischen Dobó-Platz. Serviert wird klassische Ungarn-Küche. *Dobó István tér 5 | Tel. 36 31 10 05 | www.offihaz.hu | €–€€*

SZANTOFER

Passend zu dem rustikal ungarischen Ambiente gibt es in diesem Restaurant gute Hausmannskost. *Brody Sándor utca 3 | Tel. 36 51 72 98 | €–€€*

EINKAUFEN

Nur wenige Meter von der Fußgängerzone der *Széchenyi utca* liegt der täglich geöffnete *Markt,* teils überdacht, teils unter freiem Himmel. Lebensmittel und Blumen, besonders aber Obst und Gemüse können Sie hier erstehen – vor allem natürlich sehr günstige Weintrauben aus der Region.

FREIZEIT & SPORT

Egers *Thermal- und Freibad* erinnert mit seiner Kuppel an türkische Badekultur – eine exklusive Anlage mit Wellnesshaus in einem schönen Park. Am Platz vor dem Thermalpark gibt es einen hübschen ● **INSIDER TIPP** Brunnen mit kostenlosem Mineralwasser aus der Heilquelle von Eger – zur Selbstbedienung. *So–Mi 8.30–19, Do–Sa 8.30–21 Uhr | Petőfi tér 2 | www.egertermal.hu*

★ **Bischofspalais**
Das architektonische Juwel des Burgbergs von Eger → S. 87

★ **Szalajka-Tal und Lipizzaner**
Beliebtes Ausflugsziel mit Wasserfall und Pferdezucht → S. 91

★ **Cifra-Stall**
Das Kutschenmuseum im Mátra-Gebirge ist so schön wie interessant → S. 92

★ **Baradla-Höhle**
Einzigartiges Naturwunder im Karstgebiet Aggtelek → S. 94

MARCO POLO HIGHLIGHTS

ÜBERNACHTEN

KÖDMÖN

In ruhiger Lage, etwas außerhalb. Der Restaurantchef ist Meisterkoch. Kleines Spa, Wellnessangebote. *20 Zi. | Szépasszony-völgy | Tel. 36 51 60 74 | hotelkodmon.szepasszonyvolgy.eu | €€–€€€*

PANORÁMA PANZIÓ ☙

Familienfreundliche Pension nahe der Burg mit nettem kleinem Garten. Auch Allergikerzimmer. *14 Zi. | Joó János utca 9 | Tel. 36 42 05 31 | www.panoramapanzio.hu | €*

AUSKUNFT

Tourinform | Bajcsy-Zsilinszky utca 9 | Tel. 36 51 77 15 | eger@tourinform.hu | www.eger.hu

ZIELE IN DER UMGEBUNG

DEMJÉN UND NOSZVAJ

(131 E4) (*ℳ L4*)

4 km nördlich von Kerecsend (ca. 20 km von Eger) liegt in Demjén das ☙ *Egri*

LOW BUDGET

▶ Im *Palacsintavár (Dobó utca 9 | Tel. 36 41 39 80)* in Eger gibt es große Portionen herzhafte und süße Palatschinken.

▶ Sehr angenehme, familiäre Übernachtungen bietet die ● *Vaskó Panzió Borpince (8 Zi. | Rákóczi út 12 | Tel. 47 35 21 07 | www.vaskopanzio.hu)* mit Weinkeller samt Weinprobe und -verkauf im Ortskern von Tokaj. Übernachtung schon ab unter 30 Euro für ein Doppelzimmer.

Korona Weinhaus (Tel. 36 55 03 43 | www.koronaborhaz.hu | €€–€€€) mit Restaurant, zwölf Apartments und schönsten Ausblicken auf die Weinpflanzungen. Das *Weingut von Vilmos Thummerer (Szomolyai út | Tel. 36 46 32 69 | www.thummerer.hu)*, einem der besten Winzer Ungarns, liegt 15 km von Eger entfernt in Noszvaj.

EGERSZALÓK (131 E3) (*ℳ L4*)

6 km von Eger entfernt liegt in der grünen Tallandschaft des Flüsschens Laskó das Heil- und Thermalbad Egerszalók *(Forrás út 4 | www.egerszalokfurdo.hu)* mit 17 Innen- und Außenpools. Teil der Badelandschaft ist ein 65 Grad warmer, schneeweißer Salzhügel. Direkt beim Bad bietet das *Saliris Resort (203 Zi. | Forrás út 6 | Tel. 36 68 86 00 | www.salirisresort.hu | €€–€€€)* alles, was das Herz des Wellnessurlaubers begehrt.

MEZŐKÖVESD (131 F4) (*ℳ L4*)

Die Kleinstadt (17 000 Ew.) ist das Zentrum der für ihr Kunsthandwerk bekannten Volksgruppe der Matyó. Im *Matyó-Museum (April–Okt. Di–So 9–17 Uhr, Nov.–März Di–Sa 9–15 Uhr | Szent László tér 8)* sind Stickereien und anderes Kunstgewerbe ausgestellt. Das Matyó-Viertel mit seinen winkeligen Gassen und Reetdachhäuschen wird *Hadas* genannt. Führungen beginnen am *Haus der Volkskunst (Mezőkövesd tájház | 15. März–15. Okt. Mo–Fr | Kisjankó Bori utca 5–7)*. Arbeiten der Matyó-Volkskünstlerin Bori Kis Jankó (1876–1954) sind in ihrem Haus in der *Kisjankó Bori utca 22* zu sehen *(April–Juni und 21. Aug.–Okt. Di–So 10–16 Uhr, Juli–20. Aug. tgl. 10–18 Uhr)*. 3 km außerhalb liegt das *Zsóry-Thermal- und Erlebnisbad (Napfürdő utca 2 | www.zsoryfurdo.hu)*. 20 km von Eger

Auf dem Rücken der Pferde: Reiterglück mit edlen Lipizzanern im Bükk-Gebirge

SZALAJKA-TAL UND LIPIZZANER ★

(131 E–F3) (*L4*)

Das romantische Szalajka-Tal *(Szalajka-völgy)* bei Szilvásvárad und die Lipizzaner sind im Bükk-Gebirge das beliebteste Ausflugsziel.

Im Gasthof *Szalajka (24 Zi. | Egri út 2 | Tel. 36 56 40 20 | €€)* werden gute Fisch- und Wildgerichte auf serviert. Eine Ferienanlage in herrlicher Natur ist **INSIDER TIPP** *Szalajka Liget (31 Zi. | Park utca 25/a | Tel. 36 56 43 00 | www.szalajkaliget.hu | €€)* mit Pool und einem Restaurant mit Panoramaterrasse.

Das Szalajka-Tal können Sie zu Fuß, gegen Gebühr mit dem Auto oder mit der Kleinbahn (auf einer Strecke von 5 km) erleben. Das meistbesuchte Ziel ist der kleine *Schleierwasserfall.*

Ein Highlight für Pferdefans ist das *Lipizzanergestüt Szilvásvárad (Állami Mé-nesgazdasag Silvásvárad | Egrí út 16 | www.menesgazdasag.hu),* das auf Anfrage auch Reitausflüge anbietet. Außerdem können Cottages mit Vollpension in schönster Naturlage gemietet werden (bei der Zuchtstation in Csipkéskút). *25 km nördlich von Eger*

MÁTRA-GEBIRGE

(131 D–E 3–4) (*K4–5*) **Am nördlichen Rand der Großen Tiefebene beginnt der 50 km lange Höhenzug des Mátra-Gebirges.**

Die waldbedeckten Höhen mit ihren 400 km ausgeschilderten Wanderwegen, Skipisten und Thermalbädern sind ein ideales Ziel für Natur-, Sport- und Kururlauber.

ORTE IM MÁTRA-GEBIRGE

GYÖNGYÖS

Das „Tor zum Mátra" ist eine Industriestadt (31 000 Ew.) mit einem netten *Hauptplatz (Fő tér).* Sehenswert sind die barocke *Bartholomäuskirche (Szent Bertalan templom)* am Fő tér, die *Franziskanerkirche (Ferences templom)* am Barátok tere, das *Grassalkovich-Haus (Fő tér 10)* mit seiner Neorokoko-Fassade und im *Orczy-Palais* das *Mátra-Museum (März–Okt. Di–So 9–17 Uhr, Nov.–Feb. 10–14 Uhr | Kossuth utca 40 | www. matramuzeum.hu)*, dessen „Star" ein Mammutskelett ist. Neben dem Museum fährt die kleine ● INSIDER TIPP Schmalspurbahn nach Mátrafüred und Lajosháza ab. Gute ungarische Küche kommt im Gasthaus *Kékes (Fő tér 7 | Tel. 37 31 19 15 | www.kekesetterem.hu | €–€€)* auf den Tisch.

KÉKESTETŐ UND MÁTRAHÁZA

Ungarns höchster Berg ist der ☀ Kékestető (1014 m). Er erhebt sich nahe dem in 715 m Höhe gelegenen Klimakurort Mátraháza (8 km nördlich von Mátrafüred). Am Kékestető stehen ein gut 20 m hoher Aussichtsturm von 1888 und ein 196 m hoher *Fernsehturm mit Café (Mo–Do und So 8–17, Fr/Sa 9–18 Uhr)*.

MÁTRAFÜRED ☀

Der Ort (knapp 1000 Ew.) liegt auf 340 m Höhe und ist über die Straße Nr. 24 und per Schmalspurbahn (von Gyöngyös aus) zu erreichen. Im *Palozenmuseum (Palócbabák | tgl. 10–16 Uhr | Pálosvörösmarti út 2 | www.palocbabak. hu)* sind unter anderem 29 Palozenpuppen zu sehen.
Der idyllische *Sás-See (Sástó)* in 507 m Höhe (5 km nördlich von Mátrafüred) zeigt sich im Sommer von zwei Seiten: einer touristischen und einer ruhigen. Weg vom Trubel führt ein Spaziergang um den See. Zu empfehlen ist ein Abstecher zum 50 m hohen *Aussichtsturm*.
Für Wanderer gibt es von Mátrafüred aus schöne Wege zu Aussichtspunkten auf dem *Hanák* (584 m), dem *Muzsla* (484 m) und dem *Komáro* (379 m).

PARÁD UND PARÁDFÜRDŐ ☀

Von Mátraháza aus führt eine Serpentinenstraße (Nr. 24) durch eine schöne Landschaft nach Parád (2150 Ew.) und zum Thermalkurort Parádfürdő.
Parád ist „Palozenland". Zeugnisse der Lebensart der Palozen sind im *Tájház (Di–So 10–16 Uhr | Sziget utca 10)* zu sehen. Das kleine Museum INSIDER TIPP *Fafaragás (Mi–So 8–16 Uhr | Kékesi út 2)* zeigt in schönem Rahmen teils lebensgroße Holzskulpturen des Künstlers Johák Asztalos. Auf dem Weg nach Paradfürdő liegt das wunderbare Kutschenmuseum ⭐ *Cifra-Stall (April–Sept. tgl. 10–17 Uhr, Okt.–März Di–So 10–16 Uhr | Kossuth Lajos utca 217)*.
Im schönen Rahmen eines Grandhotels alten Stils essen Sie im *Erzsébet Királyné Park Hotel (35 Zi. | Kossuth Lajos út 372 | Tel. 36 44 40 44 | www.erzsebetparkhotel. hu | €€–€€€)* in Paradfürdő. Eine 7 ha große Oase der Ruhe in herrlicher Berglandschaft (nahe einem Reiterhof) ist die Pension ☀ *Hanga Vendégház (5 Zi. | Fényes-pagony 1 | Tel. 36 36 44 54 | €)* in Parád.

PARÁDSASVÁR

Das 400-Einwohner-Dorf in schöner Tallage, umgeben von den Mátra-Bergen, verdankt seine Bekanntheit den Glashütten der Gegend und dem Thermalwasser. Eine feine Urlaubsoase (Wellness, Reiten, Angeln) ist das 1827 erbaute *Bailiff-Haus*, heute *Schlosshotel Sasvár (57 Zi. | Kossuth út 1 | Tel. 36 44 44 44 | www.khs.hu | €€€)*. Das Gutsverwalterhaus von 1827 beherbergt die *St.-Hubertus-Pension (St. Hubertus Panzió | 10 Zi. | Rákóczi út 2 | Tel. 36 44 44 44 | €)* mit Restaurant (Wildgerichte, Eintöpfe). *18 km nördlich von Mátrafüred*

MISKOLC

(132 A3) *(🛍 L–M 3–4)* **Die Industrie-stadt (163 000 Ew.), die sich über eine Länge von fast 13 km erstreckt, hat eine kleine historische Innenstadt.**

Ihre zentrale Achse ist die Fußgänger-zone *Széchenyi István út* mit dem *National-theater (Nr. 23).* Zwischen Hősök tere und Jókai Mór utca stehen die *Minoriten-kirche* von 1743 und die im Zopfstil erbau-te *Griechisch-orthodoxe Kirche* mit einer wertvollen Ikonostase. Ein gotisches Juwel von 1470 ist die *Avas-Kirche* am Hang des Stadtbergs Avas (234 m). Besonders attraktiv für Urlauber sind die Ortsteile Diósgyőr (am westlichen Stadtrand), Lil-lafüred (8 km von Diósgyőr) und Miskolc-Tapolca (7 km südlich).

DIÓSGYŐR 🌿

In der *Burg (Mai–Sept. tgl. 9–18 Uhr, Okt.–April 9–17 Uhr)* mit ihren 24 m ho-hen Ecktürmen hielten sich Ungarns Kö-nige im 14. und 15. Jh. am liebsten auf. In schöner Lage neben der Burg: ein Cam-pingplatz und das *Freibad Miskolc-Diósgyőri (20. Mai–31. Aug. | Vár utca 1).*

OTTÓ-HERMAN-MUSEUM

Das Museum beherbergt unter anderem eine große Mineraliensammlung. *Di–So 10–18 Uhr | Papszer utca 1 | zweites Haus in der György Artúr utca 28*

LILLAFÜRED 🌿

Mittelpunkt des idyllischen Höhenkurorts (320 m) ist der See *Hámori* mit dem *Schlosshotel Palota (www.hunguesthotels. hu).* Die schönste Anfahrt von Miskolc ist die mit der *Schmalspurbahn.* Forellen aus eigenen Teichen sind eine Spezialität des bescheidenen, guten Restaurants der

INSIDER TIPP *Sebesvíz Pension (20 Zi. | Külterület 01062 Hrsz. Támpont 3 | Tel. 46 33 33 03 | sebesviz@t-online.hu | €).* Sie befindet sich in wunderbarer Lage in 800 m Höhe (von Miskolc aus hinter der Felsentoreinfahrt in Lillafüred nicht Rich-tung Eger fahren, sondern nach rechts, dann geradeaus, nach 5 km ausgeschil-dert).

CALYPSO

Ungarische Küche in einem restaurierten Bürgerhaus, mit Terrasse. *Városház tér 7 | Tel. 46 32 46 16 | www.calypsomiskolc.hu | €*

Das modernisierte *Thermal- und Erlebnis-bad* in einer Höhle bietet ein besonderes

Einkaufsstraße in Miskolc

Planschen in der Grotte: unterirdischer Spaß im Thermalbad von Miskolc-Tapolca

Ambiente. Das Freibad ist nur in der Zeit von April bis Oktober geöffnet. *Miskolc-Tapolcai-Thermalbad | Juni–Aug. tgl. 9–19 Uhr, Sept.–Dez. und Jan.–Mai 9–18 Uhr | Pazár István sétány | info@barlangfurdo. hu*

ÜBERNACHTEN

DIÓSGYÖRI VÁRKERT ☙

Eine attraktive Hotelpension mit Restaurant, Ausblick auf das Bükk-Gebirge und großzügigen Zimmern. *12 Zi. | Tapolcarét 2/a | Tel. 46 53 22 47 | info@diosgyor varkert.hu | €–€€*

TÖLGYFA PENSION

Pension in schöner Waldlage, 600 m vom Höhlenbad entfernt. *10 Zi. | Ungvári utca | Tel. 46 55 50 40 | www.tolgyfa panzio.hu | €*

AUSKUNFT

Tourinform | Széchenyi utca 16 | Tel. 46 35 04 25 | www.miskolc.hu

ZIELE IN DER UMGEBUNG

BARADLA-HÖHLE (BARADLA BARLANG) ★ ● (131 F1) (𝄞 L2)

Märchenhafte Unterwelt im Karstgebiet Aggtelek (an der Grenze zur Slowakei, 65 km nördlich von Miskolc). Das Höhlensystem ist auf ungarischer Seite 17 km lang und birgt atemberaubende Tropfsteinkreationen in teils gewaltigen Sälen. Der Haupteingang liegt in *Aggtelek,* zwei weitere Eingänge gibt es im Bergdorf *Jósvafő* und am *Roten See (Vöröstó).* Es verkehren Shuttlebusse zwischen Aggtelek und Jósvafő. Ein Erlebnis ist ein Konzert im großen Höhlensaal. Übernachten können Sie in Jósvafő im hofartigen *Tengerszem Hotel (18 Zi. | Tengerszem oldal 1 | Tel. 48 50 60 05 | www. anp.hu | €).* Höhlentouren (z. B. 1 Std. oder 1,5 Std.) in Aggtelek und Jósvafő ganzjährig, z. B. in Aggtelek April–Sept. 10, 12, 13, 15 und 17 Uhr | Auskunft: *Tourinform Aggtelek | Baradla oldal 3 | Tel. 48 50 30 01 | aggtelek@tourinform.hu | www.anp.hu*

SÁROSPATAK (132 C2) *(ØD N3)*

In dem Städtchen (13 000 Ew.) am Fluss Bodrog steht ein *Renaissanceschloss (März–Okt. Di–So 10–18 Uhr, Nov.–Feb. 10–17 Uhr | Szent Erzsébet utca 19)* der Fürstenfamilie Rákóczi, die in Ungarns Geschichte eine bedeutende Rolle spielte. Vom 🔆 Turm (bei Führungen zu besichtigen) bietet sich ein wunderbares Panorama. Eine ganz eigene Welt sind die `INSIDER TIPP` **Kasematten** *(Mai–Okt. Di–So 10–18 Uhr)* im Kellersystem der Burg. Sehenswert ist auch die organische Architektur von Imre Makovecz: das *Kulturhaus (Eötvös utca 6)*, die *Schule (Arany János utca 3–7)* und eine Häusergruppe mit kegelförmigen Dächern beim *Hild-Platz*. Im Kulturzentrum *Új Bastya (Szent Erzsébet utca 3)* gibt es das Tourinform-Büro, ein Café und ein *Panoptikum (Mo–Fr 10–18 Uhr)* mit einem mittelalterlichen Gefängnis. Mit Burgblick essen Sie im *Vár Restaurant (auch Zimmervermietung | Árpád út 35 | Tel. 47 31 13 70 | www.varvendeglo.hu | €€)*. 80 km von Miskolc

TOKAJ (132 B3) *(ØD N3)*

In Tokaj (4500 Ew.) dreht sich alles um den berühmten Wein. Einen Rundgang wert ist die kleine Innenstadt mit Rathaus, griechisch-orthodoxer Kirche und Synagoge. Das *Rákóczi-Barockschloss (Bajcsy-Zsilinszky út 15)* beherbergt heute eine Schule. Wer das Labyrinth des *Rákóczi-Weinkellers (Kossuth tér 15)* erleben möchte, muss eine Weinprobe buchen. Die Geschichte des Tokaj-Weins erzählt das ● *Tokaj-Museum (Di–So 9–16 Uhr | Bethlen Gábor utca 7)*. Im Keller des Museums sind in authentischer Atmosphäre unter alten Gewölben historische Geräte zur Weinherstellung sowie einige der edelsten Tropfen zu bestaunen. Ein angenehmer Campingplatz gegenüber dem Ortszentrum am anderen Flussufer, auch mit preiswerten Holzhütten, ist *Tisza-Kemping (Szent István út 116 | Tel. 20 3 71 59 11 | www.tokajtiszakemping.hu)*. Auskunft: Tourinform | Serház utca 1 | Tel. 70 3 88 88 70 | www.tokaj.hu | www.tokaj-turizmus.hu | 50 km von Miskolc

BÜCHER & FILME

▶ **Die Glut** – Liebe, Leidenschaft, Verrat und Moral sind die Themen des mitreißenden Romans von Sándor Márai, der ihn posthum berühmt machte.

▶ **Der englische Patient** – Das Schicksal des Wüstenforschers Graf László Ede Almásy (1895–1951) inspirierte Michael Ondaatje zu seiner Romanfigur. Szenen für den gleichnamigen Film (1996, Regie: Anthony Minghella) wurden im Schloss Almásy in Kétpó gedreht.

▶ **Napoleon** – Für den TV-Vierteiler (2002) mit Gérard Depardieu, John Malkovich, Isabella Rosselini, Alexandra Maria Lara und Heino Ferch wurde in Westungarn gedreht: in Tapolca (nördlich des Balaton), in Devecser (westlich von Veszprém) und auf der Kleinen Schüttinsel (bei Mosonmagyaróvár).

▶ **Roman eines Schicksallosen** – Meisterwerk des Literaturnobelpreisträgers Imre Kertész. Unter dem Titel *Fateless* erzählt Regisseur Lajos Koltai die Geschichte der Hauptfigur, des jüdischen Jungen György Köves, als Film (2005). Ein wichtiger Drehort war Piliscsaba (südlich von Esztergom), wo Szenen zu den Konzentrationslagern Auschwitz, Buchenwald und Zeitz gefilmt wurden.

AUSFLÜGE & TOUREN

Die Touren sind im Reiseatlas, in der Faltkarte und auf dem hinteren Umschlag grün markiert

1

AUF DEN SPUREN DER TOKAJ-WEINE

 Die 200 km nordöstlich von Budapest gelegene Weinregion Tokaj erreichen Sie über die M3 (Abfahrt Miskolc) und dann über die Landstraße 37. Länge der Tour von/bis Szerencs 130 km, Zeitbedarf ein bis zwei Tage.

Das 6600 ha große Weinanbaugebiet **Tokaj-Hegyalja** an den südlichen Ausläufern der Zemplén-Berge ist das „Mekka der Süßweinproduktion". Hinter dem Ort **Szerencs**, dem Tor zur Weinregion, grüßt wenige Kilometer weiter links der Straße 37 das *Gelbe Weinhaus (www.disznoko. hu)* der Spitzenkellerei Disznókő, ein klassizistisches Palais aus dem 18. Jh. Im Res-

taurant können Sie zum guten Essen auch Weine probieren. Auf dem weiteren Weg begleiten Sie die Hügellandschaft mit ihren Weinanpflanzungen und bei **Tokaj** → S. 95 der 515 m hohe gleichnamige Berg. In **Tarcal**, 9 km vor Tokaj (nach rechts abbiegen auf die Straße 38), ist das *Schlosshotel (Terézia kert 9 | Tel. 47 58 04 00 | www.hotelgrofdegenfeld.hu)* des Weinguts Gróf Degenfeld der ideale Ort, um sich beim Stopp im Restaurant mit einigen Geheimnissen des Tokajers vertraut zu machen. *Aszú* heißt das Zauberwort, das die kostbare Geschmackswelt der edelsüßen Weine erschließt. Die Rebsorten, aus denen Tokaj-Weine gekeltert werden – Furmint, Hárslevelű (Lindenblättriger) und der seltene Muscat Lunel – sind ständige Begleiter auf dieser

---

Bild: Rákóczi-Keller in Tokaj

Wein, Steppe und viel Wasser: Erkunden Sie die Geheimnisse des Tokajers und idyllische Landschaften von der Puszta bis zur Donau

Route. Ebenso der Fluss Bodrog, ohne den die Weine nicht wären, was sie sind, denn erst im Zusammenspiel mit der Flussfeuchtigkeit entsteht jener Schimmelpilzbefall der Trauben, der mit der Herbstsonne den Zuckergehalt in einzigartiger Weise konzentriert.

Von Tokaj fahren Sie über den netten Weinort Bodrogkeresztúr weiter nach **Tolcsva** (links der Straße 37) mit dem Spitzenweingut *Tokaj-Oremus (Bajcsy-Zsilinszky utca 45 | Tel. 47 38 45 05 | www. tokajoremus.com)*. Eindrucksvoll ist dort das dreistöckige, seit dem 12. Jh. von Hand ausgeschlagene Kellersystem *(Weinproben Mo–Fr 10–16 Uhr, möglichst nach Anmeldung)*. Spätestens hier werden Sie weitere Geheimnisse der Tokaj-Weine lüften. So werden für einen *Aszú*-Wein die unter dem Schimmelpilzeinfluss geschrumpften Trauben einzeln aus der Gesamttraube herausgepflückt. Viel Landhauscharme hat das Restaurant *Ős Kaján (Tel. 47 38 41 95 | Kossuth utca 14–16 | www.oskajan.hu | €€)* mit einer französisch inspirierten Küche.

Über die Straße 37 geht es weiter nach **Sárospatak** → S. 95, wo der Schlosspark zu einem Spaziergang einlädt.

Sie können jetzt auf der gleichen Strecke zurückfahren oder die Tour durch das Gebirge und entlang den westlichen Abhängen

des Familienbetriebs sind Márta Wille-Baumkauff und ihr deutscher Ehemann. Viel Charme, köstliche Küche und einen Weinladen bietet in **Tállya** das **INSIDER TIPP** *Weingasthaus Oroszlános* (*Rákóczi út 23 | Tel. 47 59 88 88 | €€*).

Ländliches Idyll mit Federvieh: Die typischen Puszta-Einzelhöfe heißen auf Ungarisch *tanya*

gen des Zemplén-Gebirges fortsetzen. **Sátoraljaújhely** – mit dem schönen barocken Rathaus (*Kossuth Lajos tér 5*) und der Piaristenkirche *(Deák Ferenc utca 12)* mit mittelalterlichem Kreuzgewölbe und barockem Interieur – ist ein beliebter Wintersportort. Von hier aus geht's durch die Hügel westwärts nach Pálháza. Lohnend ist ein Abstecher (2 km) nach **Füzérradvány** zum Schloss Károlyi in einem großen Park und zur Burg von Füzér.

Nun fahren Sie über den Goldgräberort Telkibánya und Gönc und dann wieder südwärts. Zwischen Gönc und der Straße 37 liegen weitere Weinorte. In **Abaújszántó** ist das Demeter-Weingut 🌿 *Tokaj Pendits (Führung/Weinprobe auf Anmeldung | Tel. 47 33 05 67 | www.pendits. com)* eine winzerische Perle. Die Seele

In **Mád** stehen die Reben des bedeutendsten Tokaj-Winzers István Szepsy. Ein stattliches Palais, innen gediegen-einfach, ist das Hotel *Mádi Kúria (24 Zi. | Rákóczi Ferenc utca 48 | Tel. 47 54 84 00 | €€)* mit Restaurant.

2 PUSZTA-ROMANTIK IN DER GROSSEN TIEFEBENE

 Von Budapest aus fahren Sie auf der Straße 51 nach Süden, parallel zur ca. 55 km langen Donauinsel Csepel. Erst jenseits der Industriegebiete wird die Gegend schön. Für die Tour (von/bis Budapest 290 km) sollten Sie einen Tag einplanen.

Etwa 30 km hinter Budapest, in Kiskunlacháza, führt eine Abzweigung zur einstigen Serbenstadt **Ráckeve** (auf der Insel Csepel) mit dem eleganten *Schloss Savoyen (Kossuth Lajos utca)* und der *Serbenkirche (Viola utca 1)* aus dem 15. Jh. mit beeindruckenden Fresken und einer spätbarocken Ikonostase. Mit dem Bau seines Schlosses beauftragte der Türkenbezwinger Prinz Eugen von Savoyen 1702 Johann Lukas von Hildebrandt.

Zur Weiterfahrt kehren Sie zurück zur Straße 51, auf der es in südlicher Richtung bis **Solt** geht. Für einen Cappuccino, ein selbst gemachtes Eis oder einen Strudel lohnt ein Abstecher zum unscheinbaren *Café Erzsébet* (nach rechts auf die Straße 52 abbiegen, gegenüber einer Tankstelle links an einem Parkplatz).

Auf der Straße 52 geht es nach Osten weiter in Richtung Kecskemét. Die Einzelhöfe *(tanya)* sind ein Markenzeichen der Puszta-Landschaft. Einige wurden zu Restaurants oder Gasthöfen ausgebaut. Auf dem Weg nach Kecskemét liegt westlich des Orts **Fülöpháza → S. 83** ein Teil des Puszta-Nationalparks Kiskunság *(Kiskunság Nemzeti Park)* mit Flugsanddünen, den zwei Lehrpfade erschließen. Wie einst ein echter Puszta-Einzelhof aussah, erleben Sie wenige Kilometer nordöstlich von Fülöpháza in der Einöde von **Kunpuszta/Kerekegyháza**. Nah beieinander liegen dort die touristische *Varga Tanya (Tel. 76 37 10 30 | www.vargatanya.hu)* und der **INSIDER TIPP** Hof von Olga Rendek *(Kunpuszta 81 | Kerekegyháza | Tel. 76 71 09 62 | www.okomuzeum.hu)*, von der Varga Tanya per Kutsche oder in einer halben Stunde zu Fuß zu erreichen. Olga Rendek und ihr Mann haben die *tanya* der Großeltern restauriert und zeigen sie so, wie man damals darin lebte.

Das nächste Ziel ist **Kecskemét → S. 81**. Wer den bildschönen Ort bei einem Kaffee auf sich wirken lassen möchte, sollte die Terrasse des Caférestaurants *Rozma-*

ring Étterem & Bisztró ansteuern. Auf der Landstraße 54 geht es weiter zum südlich gelegenen **Nationalpark Bugac-Puszta → S. 83**. Der schnellste Weg zurück nach Budapest führt über die Autobahn M5.

3 EINSAMKEIT UND HOCHBETRIEB RUND UM DEN THEISS-SEE

Kaum zu glauben, dass der 12,7 km² große Theiß-See *(Tisza-tó)* nicht als natürliches Gewässer entstanden ist, sondern erst 1973 aus dem Wasser des gleichnamigen Flusses aufgestaut wurde. Bester Ausgangspunkt ist der Ort Tiszafüred, den Sie aus Debrecen durch die Puszta auf der Straße 33 erreichen oder aus Budapest über die M3 und dann die Straße 33. Der Ausflug per Fahrrad ist etwa 60 km lang und dauert einen ganzen Tag. Auch als Autotour geeignet, dann einige Kilometer länger.

In **Tiszafüred** mit seinen fast 11 000 Einwohnern können Sie sich in Supermärkten mit allem nötigen Proviant ausstatten, Fahrräder mieten, campen oder einfach den Seestrand besuchen und ins Wasser springen. Ein richtig schönes Plätzchen bietet das Restaurant *Platán* des sehr geschmackvoll gestalteten Thermalhotels ☘ *Tisza Balneum (Tel. 59 88 62 00 | www.balneum.hu | €€)* – in bester Lage an der Theiß und mit herrlicher Aussicht. Eine malerische Terrasse besitzt auch das preiswerte Lokal *Molnár (Tel. 59 35 27 05 | €)* mit ungarischen Klassikern und regionalen Spezialitäten. Ein angenehmer Campingplatz mit Holzhütten in direkter Nähe des Sees (nur wenige Minuten Fußweg zum Strand) ist der *Horgász és Családi Camping-Panzió-Étterem (Tel. 59 35 12 20)*. Auf dem *Thermal-Camping (www.thermal-camping.hu)* wiederum – der gut geführt, aber im Sommer oft sehr voll ist – können Sie ein

Der Theiß-See ist ein Wasserparadies auf Erden für Angler und andere Naturfreunde

Bad im örtlichen Thermalwasser nehmen, wenn Ihnen der See doch noch zu kalt sein sollte.

Aus Tiszafüred hinaus geht es nun auf der Straße 33, die direkt hinter dem Ort auf einen Damm über den See bis hin ins 11 km entfernte **Poroszló** führt. Allerdings gibt es hier keinen Fahrradweg, und der Verkehr ist überraschend stark. Man kann sich auch per Fähre übersetzen lassen. Poroszló präsentiert sich deutlich kleiner und gemütlicher als Tiszafüred und bietet neben einigen Restaurants, Unterkünften und Souvenirläden vor allem einen äußerst hübschen Zugang zum Theiß-See – wenige Meter vom Zentrum. Hier beginnen zahlreiche und regelmäßige ● Ausflüge mit meist kleinen Booten. Sie können auch selbst eines mieten und lospaddeln. Angler finden hier ebenso ein Paradies vor wie Naturliebhaber, die auf einem 1500 m langen **INSIDER TIPP** Wanderweg auf Holzstegen über die Ausläufer des Gewässers die einzigartige Flora und Fauna bewundern können.

Nach einer ausgedehnten Pause in Poroszló können Sie per Fahrrad oder zu Fuß ganz am Ufer entlang auf einem Deich bequem ins Dörfchen **Sarud** gelangen – mit der großen Erholungsanlage *Eurostrand Camping (www.eurocamping.hu)*. (Mit dem Auto machen Sie einen kleinen Bogen und erreichen nach 9 km Sarud.)

Ein wenig abseits des Sees geht es nun durch die Dörfer Tiszanána und **Kisköre**. Wer noch mehr Zeit und Lust hat, kann auch auf weitere Entdeckungsfahrt durch die fast menschenleere Landschaft gehen und etwas weiter südlich die einsame Autofähre von **Tiszasüly** nach Tiszaroff nehmen – ein echtes Erlebnis (detaillierte Landkarte notwendig).

In Kisköre dagegen dürfen Radler die Brücke eines Kraftwerks über den Fluss benutzen, ansonsten geht es per offizieller Brücke über die Theiß. Auf der anderen Seite erwartet Sie **Abádszalók**. Zu den 4300 Einwohnern kommt im Sommer noch ein Vielfaches an meist ungarischen Touristen hinzu. Dagegen ist es in

Tiszafüred richtig gemütlich. Doch schon in den nächsten Dörfern **Tiszaderzs** und **Tiszaszölös** geht es wesentlich ruhiger und grüner zu. Einige Zugänge zum Theiß-See sind ausgeschildert. Die beste Unterkunft in unberührter Natur bietet in Tiszaderzs die von den Belgiern Anita und Patrick betriebene *Tisza Lodge (6 Zi. | Ady Endre út 16 | Tel. 30 2 96 59 60 | www. tiszalodge.com | €–€€)* mit ihren einfachen, aber stilvollen und komfortablen Zimmern. Die Reise endet wenige Kilometer später wieder in Tiszafüred.

Auskunft: Tourinform | Tiszafüred: Fürdő útca 29 | Tel. 59 51 11 23 | tiszafured@tour inform.hu; Abádszalók: Deák Ferenc út 1/17 | Tel. 59 35 73 76 | abadszalok@tour inform.hu | www.tiszatoinfo.hu

4 NATUR PUR ZWISCHEN DONAU UND DONAU

Das sympathische Städtchen Mosonmagyaróvár, verkehrsgünstig nahe der Autobahn M1 gelegen, ist der Startpunkt für eine Fahrradtour über die Kleine Schüttinsel (Szigetköz), die Sie durch einzigartige und noch weitgehend unberührte Natur führt. Die lang gezogene Insel wird gebildet vom breit und gerade fließenden Hauptstrom der Donau und vom Nebenarm Moson-Duna, der in wilden Bögen, Schlingen und Kurven dahinmäandriert. Länge der Tour 60 km, Dauer ein Tag. Auch komplett per Auto befahrbar.

Es geht los in **Mosonmagyaróvár → S. 35**, eine Brücke über die Moson-Duna führt direkt auf die **Kleine Schüttinsel → S. 35** und in das Dorf **Halászi**. Auch hier können Sie ein Fahrrad mieten, etwa bei *Hevi-Bike (Petőfi utca | Tel. 30 2 56 19 87)*. Die große Inselrundfahrt führt Sie von Halászi über **Dárnoszeli** nach **Hédervár**, wo das örtliche Herrenhaus eine kleine Verschnaufpause rechtfertigt.

Sodann geht es auf der Straße Kossuth Lajos utca nach **Lipót**. Am schönsten und ursprünglichsten erleben Sie die Natur, wenn Sie sich so weit wie möglich dem recht zugewachsenen Ufer der Donau nähern, die mit weiteren sich schlängelnden Nebenarmen kleine, vom Menschen fast völlig unberührte Biotope geschaffen hat. Rund um Lipót wird die Donau häufig gut sichtbar. Wer mehr als nur einen halben Tag auf dem Fahrrad in diesem Idyll verbringen will, bleibt zum Beispiel einen oder mehrere Tage auf dem angenehmen, gut ausgestatteten und romantisch gelegenen Campingplatz *Holt-Duna Camping (Holt-Duna út 1 | Lipót | Tel. 96 55 55 18)*. Auch von dort lassen sich Fahrradtouren und andere Ausflüge bestens beginnen.

Nahe dem Donauufer geht es nun weiter über Dunaremete und Püski und von dort zurück nach Halászi. Wer schon müde ist, kann die Tour hier beenden, doch auch nach Norden hin gibt es einsame Straßen und unberührte Landschaften. Hier sorgt kaum jemand für Lärm und Abgase. Stattdessen können Sie einmal so richtig durchatmen.

Die einzige Straße, die aus Halászi hinausführt (abgesehen vom Rückweg in die Stadt), bringt Sie nach **Dunasziget**, das sich als bescheidenes, aber charmantes Dorf mit einer Kirche und einigen Lokalen präsentiert. Auch in der Umgebung von Dunasziget wird immer wieder einmal der Blick aufs dicht bewachsene Donauufer frei. Wenn Sie Pferdenarr sind, sollten Sie in Dunasziget den *Reiterhof Szelle (Sérfenyő utca 99 | Tel. 96 23 35 15 | www.pihenjaktivan.hu)* in Augenschein nehmen.

Durch Dunakiliti gelangen Sie nach Fekete-erdő und von dort über eine weitere Brücke und ebenfalls durchs Grüne direkt zurück nach Mosonmagyaróvár.

SPORT & AKTIVITÄTEN

Ungarn, das ist bekannt, ist ein Paradies der Reiter. Aber auch Wassersportler, Golfspieler und Radfahrer finden im Land der Hügel, Seen und Flüsse zahlreiche Möglichkeiten, um ihre Sportarten auszuüben.

ANGELN

Gute Angelreviere in Westungarn sind der Balaton und der Velence-See. Am Balaton-Südufer gibt es betreute Angelteiche mit reichen Fischbeständen beispielsweise in Siófok-Töreki, in Fonyód-Zardavár, in Balatonszárszó und in Balatonlelle.

In Ostungarn ist man am Fluss Theiß *(Tisza)* und am Theiß-See intensiv auf Angelurlauber eingestellt. In Tiszafüred:

Angler- und Familiencamping (Kastély út | Tel. 59 35 12 20 | www.hotels.hu/horg camp) mit Pool und Restaurant.

Ein Anglerdorado in der Puszta ist INSIDER TIPP *Akasztói Horgászpark és Halascsárda (Akasztó, nordöstlich von Kalocsa an der Straße 53 | Kígyóshíd 6 | Tel. 20 5 50 50 00 | www.halascsarda.hu).* In dieser Gegend werden auf den speziellen Salzböden der Puszta Karpfen gezüchtet. Es gibt sieben Angelteiche, eine Csárda, eine Pension mit bezahlbaren Zimmern *(6 Zi. | €–€€)* und einen Campingplatz.

Für das Fischen in öffentlichen Gewässern benötigt man eine Genehmigung (erhältlich z. B. in Angelgeschäften). Informationen gibt es bei den Tourismusämtern der jeweiligen Orte.

Bild: Ausritt in der Puszta

Action und Fun für jedes Temperament: Ob Reiten oder Radeln, Segeln oder Paddeln – Ungarn bietet alle Arten von Fitnessspaß

BOBBAHNEN

꙳ Bobbahnen mit bester Aussicht gibt es in Visegrád (*Mo–Fr 10–17, Sa/So 10– 18 Uhr | Nagyvillám | Tel. 26 39 73 97 | www.bobozas.hu*) und in Sopron (*Mo–Fr 10–17, Sa/So 10–18 Uhr | Bécsi domb | Tel. 99 33 42 66 | www.bobozas.hu*). In Balatonfüzfő: *Tgl. 9.30–20 Uhr | Uszoda utca 2 | Tel. 88 58 61 70 | www.balatoni bob.hu.*
Im nordungarischen Mátra-Gebirge liegt auf gut 500 m Höhe eine 930 m lange

꙳ Bobbahn am Sás-See (*Mai–Aug. tgl. 9–19 Uhr, Mitte März–April und Sept.– Mitte Nov. 10–18 Uhr, sonst 10–16 Uhr | 5 km nördlich von Mátrafüred | Tel. 37 57 40 25 | www.matrabob.hu*).

EXTREMSPORT

2 km vom Stadtzentrum in Pécs entfernt (an der Straße 66 nach Kaposvár) liegt der Park **INSIDER TIPP** *Mecsextrem* (*Mitte März–Mitte Nov. 10–17 Uhr, nur im Sommer tgl., sonst hauptsächlich am*

Wochenende | Tel. 72 5159 27) mit Wald-
bahn und zahlreichen Klettermöglich-
keiten.
Der *Paintball Centrum & Extrém Sport
Park (an der Straße 65, hinter dem südli-
chen Ortsausgang Siófok-Kiliti | Tel. 20
9 35 52 86 | www.extremsport-siofok.hu)*
in Siófok ist ein Actioncenter mit Paintball und Kletterwand, Land-Wasser-Hin-
dernisbahn, 3-D-Rad usw.

GOLF

Es gibt insgesamt 14 Golfplätze in Ungarn, vier davon sind 18-Loch-Plätze *(Un-
garischer Golfverband | Istvánmezei út
1–3 | Budapest | Tel. 1 4 60 68 59 | www.
hungolf.hu).*
Topadressen sind der *Pólus Palace Golf
& Country Club (in Göd bei Budapest | mit
dem Pólus Palace Thermal Golf Club Ho-
tel | Kádár utca 49 | Tel. 27 53 05 00)* und
der *Pannonia Golf & Country Club (in
Alcsútdoboz, 25 km westlich von Buda-
pest | Máriavölgy | Tel. 22 59 42 00 |
www.golfpannonia.hu | Dez. und Jan.
geschl.).*
Am Balaton-Nordufer liegen in Balaton-
udvari der ☀ *Royal Balaton Golf & Yacht
Club (Vászolyi utca | Tel. 87 54 92 00 |
www.balatongolf.hu)* und in Balatongyö-
rök der *Golfclub Imperial Balaton (Bala-
tongyörök-Becehegy 8 | www.golfclub
imperial.hu).*

KANU, KAJAK & RUDERN

Einige der interessantesten Wasserland-
schaften finden Sie im östlichen Ungarn.
Der Theiß-See ist ein ideales Revier für
erlebnisreiche Bootstouren. In Tisza-
füred: *Privathafen Szabics-Kikötő | Tisza-
füred-Örvény | Tel. 30 9 54 86 20 | www.
szabicskikoto.hu* (Theiß-Touren, Bootsver-
leih, Liegeplätze, Anglerservice und Camping).

RADFAHREN

Schön zu befahren ist der Damm rund
um den *Theiß-See.* Ein attraktiver Abschnitt des *Donauradwegs* führt vom
Grenzort (zur Slowakei) Rajka nach Győr.
Im *Naturpark Írottkő/Geschriebenstein*
bei Kőszeg können sich Radfahrer grenz-
überschreitend Herausforderungen stellen: Interessant für Mountainbiker sind
auf ungarischer Seite die Höhen des
☀ **INSIDER TIPP** *Óház-Bergs* bei Kőszeg,
auf österreichischer Seite ab Lockenhaus
die *Fun-Paulusbrunnen-Strecke* und bei
Rechnitz die *Fun-Geschriebenstein-Stre-
cke (www.naturpark-geschriebenstein.at).*
Radtourbroschüren gibt es bei den Tourismusämtern.

REITEN

Balaton/Westungarn: An der Straße 7 bei
km 132 finden Sie die attraktive Anlage
*Rádpuszta Pferdezentrum (Balatonlelle |
Tel. 20 9 42 67 00 | www.radpuszta.hu/de |
tgl. 10–22 Uhr)* mit Gasthof und Pension
(7 Zi. | €). Die 20 × 40 m große Reithalle
ist das Herz des Reiterparadieses *Abbázia
Country Club (67 Apartments | Nemesnép-
Márokföld | Határ út 3–7 | Tel. 92 57 34 50 |
www.abbazia-nemesnep.hu | €€)* südlich
von Őriszentpéter, ca. 70 km westlich vom
Balaton.
Ein recht neues Ziel für Pferdefans ist das
feine Reiterresort *Bellandór (Tel. 30
9 37 79 41 | www.bellandor.com)* in Páty
(15 km westlich von Budapest) mit zwei
Reitplätzen, zwei Reithallen, mehreren
Roundpens, Gästezimmern und Reiter-
stübchen. Für 1500 Ft. Eintritt kann jeder
die Anlage besuchen und nutzen (z. B.
die Feuerstelle).
Große Tiefebene/Puszta: Zur *Biczó Csár-
da (Fülöpszállás | Hármaspuszta 11 | Tel.
78 54 51 00 | www.biczocsarda.hu | €)* mit
Pension gehört ein Lipizzanergestüt.

Nordungarn: 2 km von der Burg in Eger entfernt liegt am Fuß des Eged-Hügels ein Lipizzaner-Reiterhof mit einer Familienpension. *Mátyus Udvarház, bei der Noszvaji út | Tel. 36 51 79 37 | www.matyusudvarhaz.hu*

Ein guter Treffpunkt am Balaton ist die *Sharky Wassersport-Schule (Tel. 70 3 35 46 81 | www.surfschule.in).* Surfen/Kitesurfen in Balatonfüred: *Füred Camping | Széchenyi utca 24 | Tel. 87 58 02 41 | www.balatontourist.hu*

Schönes Nordungarn: Im waldreichen Mátra-Gebirge gibt es viele Wanderwege

SEGELN & WASSERSKI

Am Balaton sind Motoren verboten, am Theiß-See darf mit Motor (z. B. Jetski) gefahren werden. Yachthafen und Yachtcharter in Balatonkenese, einem der schönsten Balatonhäfen: *Kenese Marina Port | Kikötő utca 2 | Tel. 88 48 14 53 | www.marinaport.hu.* Wasserskianlage in Balatonfüred: *Füred Camping | Széchenyi utca 24 | Tel. 87 58 02 41 | www.balatontourist.hu*

WINDSURFEN

Der kleine Velence-See, sein großer Nachbar Balaton und der flache Theiß-See sind die Hauptreviere für Windsurfer.

WANDERN

Sehr viele Wege stehen Ihnen zur Verfügung, wenn Sie Ihre Stiefel schnüren und Ungarn per pedes entdecken wollen. Immerhin gibt es im Land bereits mehr als zehn Nationalparks und darin 148 Lehrpfade. Einer von ihnen, der Wanderweg und Lehrpfad „Tiszavirág – Blume der Theiß" (*www.hnp.hu,* der Theiß-See ist Teil des Hortobágy-Nationalparks) in Tiszaörvény wurde schon als „Ökotouristische Einrichtung des Jahres" ausgezeichnet. Herrlich mit Wanderwegen ausgestattet und besonders schnell zu erreichen ist auch der Duna-Ipoly-Nationalpark (*www.dinpi.hu*) gleich bei Budapest.

MIT KINDERN UNTERWEGS

Was viele Kinder zu Hause kaum mehr erleben, hält Ungarn landauf, landab bereit: Naturerlebnisse, Spaß mit Tieren und kreative Mitmachprogramme. Ein Herz für Kinder hat man überall im Land.

TRANSDANUBIEN

AQUACITY-ERLEBNISPARK
(134 B2) (*M* C8)

Mit 6000 m² Wasserfläche bietet der Park in Zalaegerszeg (ca. 40 km westlich von Keszthely) großen wie kleinen Besuchern viel Wasserspaß (Wellenbad, Sprung-, Baby- und Kinderpool). *Tgl. 10–20 Uhr | Tagesbadekarte 2850 Ft., Kinder unter 14 Jahren 1400 Ft., Familienkarte (5 Personen) 13 900 Ft., günstiger nach 15 Uhr | Fürdő sétány 2 | www.aquacity.hu*

INSIDER TIPP BAKONY-PARK
(BAKONYI KALANDPARK)
(135 D–E1) (*M* D7)

Rund um einen See liegt dieses Naturareal jenseits des Balaton-Nordufers mit jeder Menge Spielflächen, mit Pferden, Mountainbikestrecken und vielem mehr. *Tgl. 10–18 Uhr | Eintritt 1000 Ft. | Kislőd Vashámor | www.bakonyikalandpark.hu*

BÜFFELRESERVAT (KÁPOLNAPUSZTAI BIVALYREZERVÁTUM) (134 C3) (*M* C9)

Wasserbüffel, sogar zum Anfassen nah, sind hier das besondere Erlebnis. Hier haben die früher in Ungarn heimischen Tiere eine Überlebenschance. *Mai–Sept. tgl. 9–19 Uhr, April und Okt. 9–18 Uhr, Nov.–März 9–16 Uhr | Eintritt 650 Ft., Kinder bis 14 Jahre 300, sonst 500 Ft. |*

Von Wasserspaß bis Streichelzoo: Die kleinen Urlaubsgäste profitieren von der großen Kinderliebe der Ungarn

Kápolnápuszta (6 km nordöstlich von Za-
lakomár) | www.bfnp.hu (unter „Sehens-
wert" suchen)

URZEITPARK (RÉGÉSZETI PARK)
(130 B6) (*G6*)

Zu den Attraktionen gehören ein Dorf
aus der Eisenzeit und ein 2700 Jahre al-
tes Hünengrab. Auch Familientage mit
Programm. *April–Okt. Di–So 10–18 Uhr |
Eintritt 1200 Ft., Familienkarte (5 Perso-
nen) 3200 Ft. | Poroszlai Ildikó utca 1 |
Százhalombatta | Tel. 23 35 05 37*

BALATON

AFRIKA-MUSEUM (AFRIKA MÚZEUM)
(135 D2) (*D8*)

Kamelreiten am Balaton? Das gibt es. Und
dies ist nicht die einzige Attraktion auf
dem 2 ha großen Gelände des Afrika-Mu-
seums. Kinder können auch auf dem Pony
reiten oder sich auf Hüpfburgen austoben.
*Juni–Aug. tgl. 9–17.30 Uhr, April/Mai und
Sept./Okt. 9–16 Uhr | Eintritt 1500 Ft., Kin-
der 900 Ft. | Kültelek 11, an der Landstr. 71 |
Balatonederics | www.afrikamuzeum.hu*

BOGENSCHIESSEN (129 E6) (🚗 E8)

Auf einer Waldlichtung, beim familienfreundlichen **INSIDER TIPP** *Weinrestaurant Szt. Kristóf* (mit Schaukel, Sandkasten und viel freiem Auslauf). Hermann *(Tel. 30 2 72 40 09)* weist auch Kinder gern in die

STERNENBURG (CSILLAGVÁR) (135 D3) (🚗 D8)

Eine prima Anlage in Balatonszentgyörgy. Draußen gibt's einen Streichelzoo mit Waschbär, Ziegen, Esel und anderen Tieren. Kinder können sich im Bogenschie-

Mit der Nostalgiebahn durch das romantische Szalajka-Tal – ein Spaß für die ganze Familie

Kunst des Bogenschießens ein (mit Ausrüstung für bis zu fünf Personen 2500 Ft. pro Stunde). *Alsópincesor 4 | Zamárdi (6 km von Siófok) | Tel. 30 9 36 50 92*

NATURSCHUTZMEIEREI SALFÖLD (SALFÖLD MAJOR) 😊 (135 D2) (🚗 D8)

Altungarische Graurinder, Zackelschafe, Mangalica-Schweine und knuffelige Komondor-Hirtenhunde sind hier zu sehen. Zum Angebot gehören auch Reitershows, Ausritte und Kutschfahrten. *15. März–April, Sept.–15. Nov. tgl. 9–17 Uhr, Mai–Aug. 9–19 Uhr | Eintritt 500 Ft., Kinder 300 Ft. | Reitershows 3000 Ft., Kinder 2000 Ft. | Salföld (7 km nordwestlich von Révfülöp) | www.kali.hu/salfoldmajor*

ßen üben, während die Eltern in der Csárda sitzen. In der Burg sind 150 Husarenfiguren zu sehen. *April–Aug. tgl. 10–18 Uhr, Sept./Okt. 10–17 Uhr | Eintritt 500 Ft., Kinder 400 Ft. | im Ort ausgeschildert | www.csillagvar-balaton.hu*

DONAUKNIE

INSIDER TIPP **DONAUMUSEUM (DUNA MÚZEUM) (130 A4) (🚗 G5)**

Wie werden Flüsse beherrscht und reguliert? Das lässt sich in Esztergom erforschen: In diesem Museum in einem denkmalgeschützten Gebäude aus dem 18. Jh. können Kinder und Erwachsene per Knopfdruck raffinierte technische Modelle selbst bedienen. *Mai–Okt. Mi–*

Mo 9–17 Uhr, Nov.–April 10–16 Uhr | Eintritt 700 Ft., Kinder 350 Ft., Familienkarte 1200 Ft. | Kölcsey Ferenc utca 2 / Esztergom

KINDEREISENBAHN (GYERMEKVASÚT)
(130 B5) (*∅ G5*)

Die Schmalspurbahn in Budapest fährt auf einer 11 km langen Waldstrecke von Hűvösvölgy (Endstation der Straßenbahn 56 vom Moszkva tér) über Jánoshegy zur Station am Széchenyi-Berg (nahe Zahnradbahn). *Mai–Aug. tgl. 9–19 Uhr, Sept.–April Di–So 9–17 Uhr | 700 Ft., Kinder 350 Ft. | www.gyermekvasut.hu*

TROPICARIUM (130 B5) (*∅ H6*)

Der Mittelpunkt der Anlage in Budapest mit 1,6 Mio. l Meerwasser ist das Haifischbecken. Drum herum liegt ein exotisches Tierreich mit Alligatoren, Leguanen und Krallenäffchen im Regenwald. *Tgl. 10–20 Uhr | Eintritt 2300 Ft., Kinder 4–18 Jahre und Erw. über 62 Jahre 1600 Ft. | im Einkaufszentrum Campona | Nagytétényi út 37–45 | www.tropicarium.hu*

GROSSE TIEFEBENE

AQUAPARK & STRANDBAD
HAJDÚSZOBOSZLÓ (132 B5) (*∅ N6*)

Zu der großen Anlage gehören das Strandbad mit einem künstlichen Meeresstrand sowie der tolle Aquapark mit Vierbahn-Multirutsche, Kamikaze- und Hydrorutsche, Strömungen und Wasserfall. *Eintritt Strandbad 1800 Ft., Kinder 1500 Ft., Tagesticket Aquapark 2900 Ft., Eintritt für 2 Std. ab 16 Uhr 2100 Ft. | Szent István park utca 1–3 | Hajdúszoboszló | www.hungarospa.hu*

SPIELZEUGMUSEUM (JÁTÉKMÚZEUM ÉS MÜHELY) (137 D2) (*∅ J7–8*)

In Kecskemét gibt es nicht nur wunderbares Spielzeug zu sehen. Samstags (10–12 und 14.30–16.30 Uhr) ist auch die Werk-statt geöffnet, dort dürfen Kinder basteln und werken. *März–Okt. Di–Sa 10–12.30 und 13–17 Uhr, sonst 10–16 Uhr | Eintritt Kinder 225 Ft., Familienkarte (5 Personen) 1200 Ft. | Gáspár András utca 11 | Kecskemét | www.szorakatenusz.hu*

TIERPARK NYÍREGYHÁZA
(NYÍREGYHÁZA ÁLLÁTPARK)
(132 C3) (*∅ O4*)

Zur ansonsten touristisch nicht allzu interessanten Stadt Nyíregyháza gehört der Kurort Sóstófürdő mit Dorfmuseum und See (Strand, Bootstouren). Hauptattraktion ist der mit 35 ha größte Tierpark im Land, schön in einem Wald gelegen. Das Areal ist in „Kontinente" aufgeteilt und bietet so ziemlich alle bekannten und weniger bekannten Tiere auf, nach Angaben des Zoos gut 3500 Arten. *April–Aug. tgl. 9–19 Uhr, Sept. 9–18, Okt. 9–17, Nov.–März 9–16 Uhr | Eintritt 2600 Ft., Kinder 1800 Ft. | Sóstói út | www.sostozoo.hu*

NORDUNGARN

KOPCSIK MARCIPÁNIA (131 E3) (*∅ L4*)

Dieses Haus gleich gegenüber dem Minarett von Eger zeigt in nur wenigen Räumen erstaunliche Arbeiten aus Marzipan: Gemälde, Fußbälle, Märchenszenen und vieles mehr machen den Kleinen richtig Spaß. Genau wie der Süßigkeitenverkauf am Ende. *Tgl. 10–18 Uhr | Eintritt 800 Ft., Kinder 400 Ft. | Harangöntő utca 4 | Eger | www.kopcsik marcipania.hu*

NOSTALGIEBAHN (131 E2–3) (*∅ L4*)

Die Kleinbahn durch das zauberhafte Tal des Flüsschens Szalajka ist bei Kindern und Erwachsenen beliebt. In den Teichen und im Bach, der an der Endstation über viele Stufen abwärts plätschert, tummeln sich die Forellen. *Aug./Sept. | 800 Ft., Kinder 460 Ft. | ab Szilvásvárad*

EVENTS, FESTE & MEHR

Budapest ist das kulturelle Zentrum, aber auch von Sopron bis Debrecen stehen erstklassige Veranstaltungen auf dem Programm. Im Sommer finden meist Historienspektakel und bunte Festivals statt. Einen aktuellen Überblick gibt es beim Ungarischen Tourismusamt oder bei den örtlichen Touristeninformationen.

OFFIZIELLE FEIERTAGE

1. Jan. *Neujahr;* **15. März** *Tag des Unabhängigkeitskampfs von 1848/49* (Nationalfeiertag); **Ostermontag; 1. Mai** *Tag der Arbeit;* **Pfingstmontag; 20. Aug.** *St.-Stephans-Tag* (Nationalfeiertag); **23. Okt.** *Tag der Republik, Gedenken an den Aufstand von 1956* (Nationalfeiertag); **1. Nov.** *Allerheiligen;* **25./26. Dez.** *Weihnachten*

FESTE & VERANSTALTUNGEN

JANUAR
▶ *Neujahrskonzert* am 1. Jan. in der Staatsoper in Budapest. *www.opera.hu*

FEBRUAR
▶ *Busó-Karneval* in Mohács: ein farbenfrohes Spektakel mit Umzug und Jahrmarkt. *Auskunft: Tourinform Mohács | Tel. 69 50 55 15 | mohacs@tourinform.hu*

MÄRZ/APRIL
▶ ⭐ *Frühlingsfestival in Budapest:* Top-Klassikevent mit namhaften Orchestern und Ensembles. Konzerte, Oper und Ballett. *www.festivalcity.hu*

▶ *Ostern in Hollókő:* In dem malerischen Dorf werden alte Volksbräuche lebendig. *www.holloko.hu*

▶ *Matyó-Ostern* wird am Ostermontag farbenfroh im Matyó-Viertel Hadas in Mezőkövesd gefeiert. *www.mezokovesd.hu*

JUNI/JULI
▶ *Opernfestival in Miskolc,* das zum besten Bartók-Festival werden will. *www.operafesztival.hu*

▶ *Burgfestspiele von Visegrád:* Ritterspiele, die kleine Königsstadt steht im Zeichen des Mittelalters. *www.palotajatekok.hu*

▶ *Balaton Sound:* Festival mit heißen Hip-Hop-, Pop- und Soulrhythmen am Strand in Zamárdi. *www.balatonsound.hu*

▶ ⭐ *Szeged-Freilicht-Festwochen:* Votivkirche und Domplatz sind die Kulisse für Theater und Konzerte (Musicals, Volkstanz, Opern, Operette). *www.szegediszabadteri.hu*

Ende Juni feiert Budapest das ▶ ● *Brückenfest* mit Open-Air-Konzerten und Straßenfesten. *www.festivalcity.hu*

Klassik, Pop und Sommershows: Bühne frei zum Feiern – vom Frühlingsfestival in Budapest bis zur Strandparty am Balaton

JUNI–AUGUST

▶ *Esztergom-Festival:* Vor der mächtigen Basilika von Esztergom finden im Sommer Kulturevents wie Konzerte statt.

AUGUST/SEPTEMBER

▶ *Jazztage von Debrecen:* die ältesten in Ungarn. *www.fonixinfo.hu*

▶ *Sziget-Festival:* Das Mega-Event in Budapest zieht Hunderttausende Besucher an. *www.sziget.hu*

▶ *Jüdisches Sommerfestival* in Budapest mit viel Musik und einem **INSIDER TIPP** Markt für Kunsthandwerk im prachtvollen Gozsdu-Hof. *www.jewishfestival.hu*

▶ *Brückenmarkt* in Hortobágy mit viel Puszta-Folklore

▶ *Formel 1, Grand Prix am Hungaroring* nahe Budapest: Spitzenereignis für Motorsportfans. Auch Tage der offenen Tür am Hungaroring. *www.hungaroring.hu*

▶ **INSIDER TIPP** *Veszprémer Sommer:* Open-Air-Festival mit Klassik, Jazz und Pop, Schauplatz ist der Burgberg in Veszprém. *www.veszpremfest.hu*

▶ *St.-Stephans-Tag:* Großes Feuerwerk in Budapest am 20. Aug. Dieser Tag wird in allen Städten und Dörfern gefeiert, besonders bunt in Debrecen beim **INSIDER TIPP** *Blumenkarneval* (www.debreceniviragkarneval.hu) mit großem Umzug. Hauptattraktion sind herrlich geschmückte Blumenwagen, die schönsten werden von einer Jury ausgezeichnet. Auf vielen Bühnen sorgen Bands für Stimmung, abends gibt's ein Feuerwerk.

▶ *Haydn in Eszterháza:* Festival in Schloss Esterházy in Fertöd, ein Highlight für Klassikfans. *www.eszterhaza.hu*

OKTOBER

▶ *Herbstfestival in Budapest* mit Schwerpunkt auf zeitgenössischer, experimenteller Kunst. *www.cafebudapestfest.hu*

DEZEMBER

Ein Topevent in Budapest ist am 30. Dez. das ▶ *Konzert des 100-köpfigen Zigeunerorchesters* in der Kongresshalle. Mit Abendessen und Wein. *www.argosart.hu*

LINKS, BLOGS, APPS & MORE

LINKS

▶ www.marcopolo.de/ungarn Interaktive Karten inklusive Planungsfunktion, Impressionen aus der Community, aktuelle News und Angebote ...

▶ www.virtualbudapest.eu Hier können Sie eine ganze Reihe von Sehenswürdigkeiten der Hauptstadt erleben und Ihre Blickrichtung um bis zu 360 Grad verändern, sich also im wahrsten Sinn des Wortes ganz in Ruhe „umschauen"

▶ www.loecsen.com/travel Völlig kostenlos lassen sich hier viele Begriffe der Alltagssprache auf Ungarisch erlernen oder gezielt nachschlagen

▶ www.ungarninfo.org Eine weder kommerziell noch von der öffentlichen Hand, sondern privat betriebene Website mit einer Fülle interessanten Lesestoffs

BLOGS

▶ short.travel/ung2 Ausführliche Informationen, Darstellungen und vor allem auch Einschätzungen zur aktuellen schwierigen politischen Lage in Ungarn. Besonders nationalistische, rechtsextreme und antisemitische Tendenzen – ob bei der Errichtung von Statuen oder beim Lehrplan für Schüler – werden aufgezeigt

▶ hungarianvoice.wordpress.com Blog eines Deutschen mit ungarischen Wurzeln, der um Ausgeglichenheit und faire Darstellung von ungarischer Politik und Gesellschaft bemüht ist. Ziel ist es, Nachrichten und Ereignisse zu vermitteln, die in den deutschen und deutschsprachigen Medien sonst möglicherweise untergehen

▶ short.travel/ung4 Deutsche Auswanderer beschreiben auf äußerst charmante und putzige Weise ihr Leben in der neuen Heimat Ungarn, mit Schwerpunkt auf Natur und Tieren, aber auch mit Berichten aus dem Alltag oder Kochrezepten

▶ short.travel/ung5 Ob als Einstimmung auf die Ungarnreise oder als Erinnerung nach der Rückkehr: Hier können Sie gleich loskochen. Es geht aber auch um Kultur, Kunst, Sport, Ferienorte oder Bücher zu Ungarn

Egal, ob für Ihre Reisevorbereitung oder vor Ort: Diese Adressen bereichern Ihren Urlaub. Da manche sehr lang sind, führt Sie der short.travel-Code direkt auf die beschriebenen Websites. Falls bei der Eingabe der Codes eine Fehlermeldung erscheint, könnte das an Ihren Einstellungen zum anonymen Surfen liegen

VIDEOS, STREAMS & PODCASTS

▶ mr2.radio.de Ein hervorragender Rock- und Popsender ist das zweite Programm des öffentlich-rechtlichen Rundfunks: Petőfi Rádió, auch MR2 genannt. Unter *mr2.radio.de* geht es sofort zum Livestream. Wer es lieber klassisch mag, wählt *mr3.radio.de* und gelangt zu Rádió Bartók

▶ short.travel/ung3 Hier finden Sie eine geführte Spaziertour in gut verständlicher englischer Sprache zu den schönsten Sehenswürdigkeiten Budapests – zum Herunterladen, samt begleitender PDF-Datei. Sogar mit Mini-Ungarischkurs.

▶ short.travel/ung6 Ein wunderbarer Film mit Szenen aus Ungarns Hauptstadt, dargestellt mit der Zeitraffermethode. Sie können auch bei Youtube nach „Budapest time lapse" suchen

APPS

▶ Hungary – Offline map with directU Die kostenlose App von NNG Global Services Kft. lässt Sie durch Landkarten und Stadtpläne Ungarns browsen, ohne in dem Moment online zu sein. Entwickelt für iPhone und iPad

▶ Hungary Tourism App Die App von der AFF Kft. enthält über 25 000 Adressen von Übernachtungen, Restaurants, Museen, Sehenswürdigkeiten, Wetterinfos, Währungskursen und vielem mehr. Für seine Entwicklung wurde der Betreiber bereits von unabhängiger Seite ausgezeichnet

NETWORK

▶ short.travel/ung7 Bereits mehreren Zehntausend Usern gefällt die Facebook-Page von „Ungarn–Hungary" – ein Forum für alle Deutschsprachigen, die ihre Ungarn-Bilder und Informationen austauschen wollen

▶ twitter.com/ungarn Bei Twitter finden Sie laufend frische Informationen, besonders über touristisch relevante und interessante Neuigkeiten aus dem ganzen Land

▶ www.airbnb.de Ausgezeichnete Suchmaschine für Unterkünfte à la Bed & Breakfast. Einfach Ort, Zeitraum und Personenzahl eingeben, und schon erscheinen passende Angebote

PRAKTISCHE HINWEISE

ANREISE

Von Deutschland gibt es mehrere Varianten. Aus den südlichen Bundesländern führt die A8 von München nach Salzburg, dann geht es über Linz und Wien nach Ungarn. Ansonsten dürfte die A3 über Nürnberg und Regensburg nach Österreich die beste Wahl sein; vorbei an Linz und Wien überqueren Sie dann die ungarische Grenze. Sollten Sie aus Ostdeutschland, gegebenenfalls auch aus Norddeutschland anreisen, könnte es sich anbieten, die A17 von Dresden in die Tschechische Republik und dann über Prag und Brünn (Brno) ins slowakische Bratislava oder nach Wien zu fahren. Hier werden zwar einige Staatsgrenzen überquert, doch die betroffenen Länder gehören alle zum Schengener Abkommen. Daher ist nicht mit Wartezeiten und Kontrollen zu rechnen. Aus Österreich führt die A4 von Wien nach Budapest (in Ungarn heißt die Autobahn dann M1), nach Westungarn gelangt man über die A3 aus Wien nach Sopron. Aus der Schweiz geht es am schnellsten über Winterthur, St. Gallen, das österreichische Bregenz und dann auf der A96 nach München und weiter wie für Deutschland beschrieben.

Die klassischen nationalen Airlines wie Lufthansa, Austrian und Swiss bieten zahlreiche Budapest-Verbindungen an. Bei den preiswerteren Airlines ist auf ein beständiges Angebot weniger Verlass. Budapest wird angeflogen ab Berlin und Basel von Easyjet, ab Hannover, Köln-Bonn, Frankfurt a. M. und acht weiteren Orten in Deutschland (mit Umsteigen) von Germanwings, ab Dortmund und Frankfurt/Hahn von Wizzair. Auch Air Berlin bietet eine Reihe von Flugverbindungen in die ungarische Hauptstadt an.
Es gibt zwei Flughäfen (www.bud.hu): Ferihegy 1 und Ferihegy 2 mit den Terminals 2 A und 2 B (20 bzw. 24 km vom Zentrum). Zum Flughafen Ferihegy 1 fährt ein Zug (ab Westbahnhof, 15 Minuten Fahrtzeit), von dort geht es mit dem Bus weiter nach Ferihegy 2.
Sehr viel günstiger als eine Taxifahrt in die Stadt (ca. 6500 Ft.) ist der Transport per Minibus (Tel. 1 2 96 85 55). Dieser Busservice fährt zu jeder Adresse in der Stadt zu einem Preis von knapp 3200 Ft. (hin und zurück 5500 Ft.). www.airport shuttle.hu
Die Regionalflughäfen werden immer noch eher sporadisch angeflogen. Balaton-Flughafen Sármellék (www.flybala

GRÜN & FAIR REISEN

Auf Reisen können auch Sie viel bewirken. Behalten Sie nicht nur die CO_2-Bilanz für Hin- und Rückreise im Hinterkopf (www.atmosfair.de; de.myclimate.org) – etwa indem Sie Ihre Route umweltgerecht planen (www.routerank.com) – , sondern achten Sie auch Natur und Kultur im Reiseland (www.gate-tourismus. de; www.ecotrans.de). Gerade als Tourist ist es wichtig, auf Aspekte wie Naturschutz (www.nabu.de; www. wwf.de), regionale Produkte, wenig Autofahren, Wassersparen und vieles mehr zu achten. Wenn Sie mehr über ökologischen Tourismus erfahren wollen: europaweit www.oete.de; weltweit www.germanwatch.org

ton.com): *Mutsch Reisen (www.mutsch-reisen.de)* und *Salomon Reisen (www.salomon-reisen.de)*. Direktflüge nach Debrecen mit Salomon Reisen ab Dresden, Leipzig und Halle.

Die Zugverbindungen sind schneller und besser geworden (z. B. mit „Spar-Night" ab Berlin, Dresden, Frankfurt a. M.). Zwischen München und Budapest verkehren Railjet-Züge (ca. 120 Euro, Fahrtdauer meist ca. 7¼ Std.). Zugauskunft: *www.bahn.de | elvira.mav-start.hu*

Es gibt zahlreiche Busverbindungen nach Ungarn, zum Beispiel ab Berlin, Frankfurt a. M., Hamburg, München, Nürnberg, Stuttgart, Wien, Graz, Salzburg. Auskunft (und Tickets) in Budapest: am Internationalen Autobusbahnhof *(Népliget | Üllői utca 131 | www.bkv.hu)*.
Busreiseveranstalter: *Eurolines (Tel. 06196 2 07 85 01 | www.eurolines.de)*, *Pannon Volán (Tel. in Deutschland 06122 91 24 10 | www.sippeltravel.de)*

AUSKUNFT

UNGARISCHES TOURISMUSAMT
– Informationen zu allen Orten in Ungarn: *www.ungarn-tourismus.de*
– Wilhelmstr. 61 | 10117 Berlin | Tel. 030 2 43 14 60 | berlin@ungarn-tourismus.de
– Opernring 1, Stiege R, 7. Stock | 1010 Wien | Infotel. (0,61 Euro/Min.) 0900 22 00 13 | *www.ungarn-tourismus.at*
– Für Schweizer Urlauber ist das Büro in Berlin mit zuständig.

Die Touristeninformation *Tourinform (www.tourinform.hu)* gibt es in nahezu allen touristisch wichtigen Orten Ungarns. In Budapest: *Budapestinfo Pont (www.budapestinfo.hu)*.

Im Internet finden Sie Orte und Städte unter *www.(der jeweilige Ortsname).hu*, Museen und Sonderausstellungen auf *www.museum.hu*. Unter *www.travelport.hu* laufen der Hotelführer *www.hotels.hu* und der Restaurantführer *www.restaurantguide.hu*.

AUTO

Es bestehen absolutes Alkoholverbot (null Promille) und Anschnallpflicht. Außerhalb von Ortschaften muss auch tagsüber mit Abblendlicht gefahren werden. Telefonieren ist nur mit Freisprechanlage erlaubt. Die Höchstgeschwindigkeit für Pkw beträgt in Ortschaften 50, auf Landstraßen 90, auf Autobahnen 130 km/h. Bahnübergänge dürfen nur mit Tempo 30 überquert werden. Sicherheitswesten sind mitzuführen (für jeden Sitzplatz im Auto).

Autofahrer sollten stets auf Überraschungen eingestellt sein, vor allem auf Landstraßen. Viele Radfahrer sind im Dunkeln ohne Licht unterwegs, und es kommt vor, dass Autos in einer Kurve stehen und die Fahrer ein Schwätzchen halten. Und Autos, die eine Panne haben, sind nur selten mit einem Warndreieck gesichert.

Eine grüne Versicherungskarte erleichtert bei einem Unfall die Abwicklung der Formalitäten. Bei einem Unfall mit Verletzten muss die Polizei gerufen werden. Verursacht ein ausländisches Fahrzeug den Unfall, ist die internationale Versicherung *Allianz Hungária (Mo–Fr 8–20 Uhr | Tel. 40 42 14 21 | www.allianz.hu)* in Budapest zu informieren.

Seit einiger Zeit können von der Polizei bei zu schnellem Fahren, Verletzung der Gurtpflicht, Alkohol am Steuer und Überfahren von roten Ampeln Geldstrafen bis zu 300 000 Ft. (ca. 1100 Euro) an Ort und Stelle erhoben werden.

AUTOBAHNGEBÜHREN

Ungarns Autobahnen sind gebührenpflichtig. Vignetten *(matrica)* gibt es bei den Zahlstellen der Autobahnen, an Grenzübergängen und an Tankstellen in Autobahnnähe sowie online als „e-Vignette" *(www.autobahn.hu)*. Der Preis richtet sich nach Gültigkeitsdauer und Fahrzeugklasse. Für einen normalen Pkw kostet die

WAS KOSTET WIE VIEL?

Kaffee	**1 Euro** *für eine Tasse*
Wein	**1,50 Euro** *für ein Glas (0,2 l)*
Imbiss	**ca. 1,50 Euro** *für eine Portion Lángos*
Benzin	**ca. 1,50 Euro** *für 1 l Normalbenzin*
Souvenir	**15 Euro** *für 1 kg Pick-Salami*
Fahrkarte	**ca. 5,50 Euro** *für ein 24-Stunden-Ticket für Bus und Bahn in Budapest*

Vignette für eine Woche 2975 Ft., für einen Monat 4780 Ft. Beim Kauf der Vignette erhält man einen Zahlungsbeleg, der gut aufzubewahren ist.

PANNENHILFE

– Der Notruf des Ungarischen Autoclubs *(Magyar Autóklub, Gelbe Engel/Sárga angyal)* ist landesweit rund um die Uhr erreichbar: *Tel. 188*

– Internationale Notdienstzentrale: *Tel. 1 3 45 17 44*
– Notruf für Mitglieder des ADAC/ÖAMTC: *Tel. 1 3 45 17 17 (Mitte Juni–Mitte Sept. 8–20 Uhr)*

BANKEN & GELD

Das Zahlungsmittel in Ungarn ist der Forint (HUF, Ft.). Das größte Filialnetz hat die Landessparkasse *OTP (Országos Takarékpénztár)*, meist Mo–Do 8–17 und Fr 8–13 Uhr geöffnet. Geldautomaten gibt es in allen größeren Orten. Die gebräuchlichsten Kreditkarten werden in Hotels, Restaurants und Geschäften akzeptiert.

CAMPING

Die Campingplätze sind in drei Kategorien eingeteilt und entsprechend mit Sternen bewertet. Öffnungszeiten: meist Mai bis Anfang/Mitte September, oft auch schon im April, manchmal bis Oktober. Wild campen darf man nirgendwo. *Auskunft: Magyar Kempingek Szakmai Szövetsége | Martinovics utca 1/B | 8360 Keszthely | Tel. 83 31 44 22 | www.camping.hu*

DIPLOMATISCHE VERTRETUNGEN

BOTSCHAFT UND KONSULAT DER BUNDESREPUBLIK DEUTSCHLAND

Úri utca 64–66 | Budapest | Tel. 1 4 88 35 00 (in Notfällen auch außerhalb der Bürozeiten) | www.budapest.diplo.de | Juni–Aug. Mo–Do 13.30–15.30 Uhr, sonst Mo–Fr 9–12, Do auch 13.30–15.30 Uhr (nur nach Terminvereinbarung)

BOTSCHAFT UND KONSULAT DER REPUBLIK ÖSTERREICH

Benczúr utca 16 | Budapest | Tel. 1 4 79 70 10 | www.bmeia.gv.at/botschaft/budapest | Mo–Fr 9–11 Uhr

BOTSCHAFT DER SCHWEIZ

Stefánia út 107 | Budapest | Tel. 1 4 60 70 40 | vertretung@bud.rep.admin. ch | Besuch nur nach Vereinbarung

Die Schweizer Botschaft führt keine Konsulardienste in Budapest mehr aus. Dies wurde vom Regionalen Konsularzentrum der Schweizerischen Botschaft in Wien übernommen: *Kärntner Ring 12 | 1010 Wien | Tel . 0043 0 1 795 05 | vie.rkc@ eda.admin.ch.*

EINREISE

Für Deutsche, Österreicher und Schweizer genügt bei der Einreise ein gültiger Personalausweis oder Reisepass. Seit Ungarns Beitritt zum Schengenabkommen gibt es bei Einreise aus anderen Schengenstaaten keine regelmäßigen Personenkontrollen mehr.

GESUNDHEIT

Erste Hilfe ist für Ausländer kostenlos. Impfungen sind nicht vorgeschrieben, eine Vorsorge gegen Zecken ist aber zu empfehlen (nehmen Sie zumindest eine Zeckenzange mit ins Gepäck). Wichtig ist auch Mückenschutz.

Die Versorgung mit Ärzten, medizinischen Zentren und Krankenhäusern ist recht gut, besonders in den touristischen Gegenden. Auch Apotheken (ungarisch *Patika* oder *Gyógyszertár*) stehen sehr zahlreich zur Verfügung. Patienten mit einer Auslandskrankenversicherung werden in den meisten Fällen problemlos aufgenommen. Bei Ärzten kommen Sie oft mit Deutsch zurecht. Spezialisiert haben sich in Ungarn die Zahnärzte auf ausländische Patienten, besonders aus Deutschland, Österreich und der Schweiz. Sie werben mit Qualität zu deutlich niedrigeren Preisen.

INTERNETZUGANG & WLAN

Internetcafés finden sich selbst in kleineren Städten fast überall. In den meisten Cafés, Restaurants, Hotels und Pensionen, auf Campingplätzen und gelegentlich auch mitten in der Stadt gibt es WLAN-Hotspots (meist mit „WiFi" gekennzeichnet). Meist müssen Sie ein Passwort erfragen. *www.hotspotter.hu*

WÄHRUNGSRECHNER

€	HUF	HUF	€
10	2788	1000	3,58
20	5577	2000	7,16
30	8365	3000	10,74
40	11 154	4000	14,31
50	13 942	5000	17,89
60	16 731	6000	21,47
70	19 519	7000	25,07
80	22 308	8000	28,63
90	25 096	9000	32,21

KLIMA

Ungarn ist durch seine Lage im Karpatenbecken vor extremer kontinentaler Witterung geschützt. Der Wind ist überwiegend schwach, und es fällt wenig Niederschlag. Die Sommer sind warm bis heiß, die Winter kalt und klar. Schmuddelwetter ist selten. Der Balaton belegt mit über 2000 Sonnenstunden im Jahr sogar einen Spitzenplatz in Mitteleuropa.

MIETWAGEN

Mietwagenunternehmen gibt es in allen größeren Orten. Preisbeispiel: Tagespauschalpreis ab ca. 35 Euro erhältlich bei *Fox Autorent (zentrale Re-*

servierung Budapest Tel. 1 3 82 90 00 |
www.fox-autorent.com).

Rettungsdienst *(mentők)*: Tel. 104
Feuerwehr *(tűzoltók)*: Tel. 105
Polizei *(rendőrség)*: Tel. 107
Allgemeiner Notruf: Tel. 112

Das Ungarische Tourismusamt hat für
alle Notlagen – auch für den Fall, dass es
Verständigungsprobleme bei der Polizei
geben sollte – einen 24-Stunden-Info-
service eingerichtet (u. a. auf Deutsch
und Englisch): *Tel. 1 4 38 80 80.*

ÖFFNUNGSZEITEN & EINTRITTSPREISE

Auf Öffnungszeiten und Preisangaben ist
in Ungarn recht wenig Verlass, sie werden oft sehr kurzfristig festgelegt und
wieder geändert.
Bei den Öffnungszeiten gilt das auch für
den Saisonzeitraum. Am Balaton dauert
die Saison normalerweise von Mai bis
August (Hochsaison ab Mitte Juni), im
Donauknie und in den Nationalparks
der Tiefebene zumeist bis Ende Oktober.
Ist das Besucheraufkommen gering,
wird geschlossen. Das gilt für Museen,
aber auch für viele Restaurants, Hotels
und Pensionen, vor allem in kleineren
Orten.

POST

Postämter sind meistens Mo–Fr 8–18
und Sa 8–13 Uhr geöffnet.
Das Porto für Postkarten und Briefe (bis
20 g) in europäische Länder beträgt
260 Ft. (Standard) bzw. 295 Ft. (Luft-
post).

WETTER IN BUDAPEST

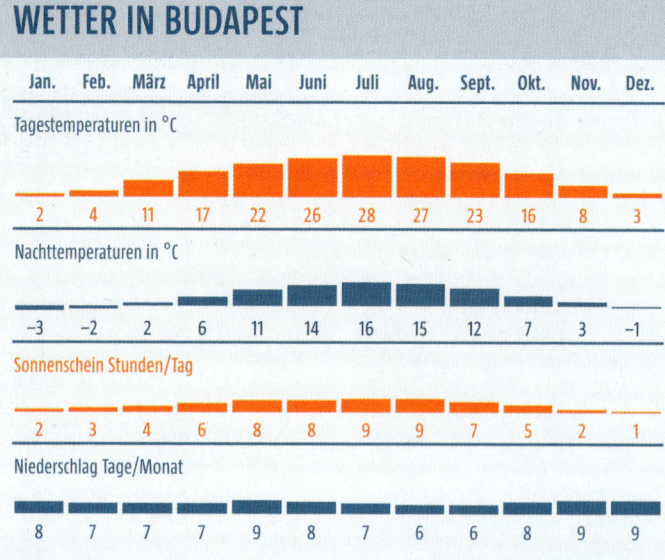

	Jan.	Feb.	März	April	Mai	Juni	Juli	Aug.	Sept.	Okt.	Nov.	Dez.
Tagestemperaturen in °C	2	4	11	17	22	26	28	27	23	16	8	3
Nachttemperaturen in °C	–3	–2	2	6	11	14	16	15	12	7	3	–1
Sonnenschein Stunden/Tag	2	3	4	6	8	9	9	9	7	5	2	1
Niederschlag Tage/Monat	8	7	7	7	9	8	7	6	6	8	9	9

STROM

Die Netzspannung in Ungarn beträgt 220 Volt Wechselstrom.

TELEFON & HANDY

Telefonkarten bekommt man in Postämtern, an Zeitungskiosken und in Tabakläden. Ungarische Telefonnummern haben eine Vorwahl (z. B. für Budapest 1); diese entfällt bei Ortsgesprächen aus dem Festnetz. Bei Ferngesprächen innerhalb Ungarns müssen Sie zuerst 06 wählen, dann die Vorwahl und die Teilnehmernummer. Bei Gesprächen aus dem Ausland wählen Sie die ungarische Landesvorwahl 0036, dann die Vorwahl und die Teilnehmernummer. Bei Auslandsgesprächen wählen Sie die Landesvorwahl (Deutschland 0049, Österreich 0043, Schweiz 0041), dann die Ortsvorwahl ohne Null und die Teilnehmernummer.

Ungarische Handynummern sind siebenstellig und haben normalerweise die Vorwahl 20, 30 oder 70. Bei Gesprächen ins nationale Mobilfunknetz muss aus dem ungarischen Festnetz oder von einem ungarischen Handy aus immer eine 06 vorangestellt werden. Vom ungarischen Handy ins ungarische Festnetz wählt man immer 06, dann die Vorwahl, dann die Rufnummer. Die Handyanbieter sind T-Mobile *(www.t-mobile.hu),* Telenor *(www.telenor.hu)* und Vodafone *(www.vodafone.hu).*

TRINKGELD & SERVICEGEBÜHR

In der Gastronomie ist ein Trinkgeld in Höhe von 10–15 Prozent des Rechnungsbetrags üblich. Auch Friseure bekommen ein Trinkgeld. Eine Garderobiere wird mit 100 Ft. bedacht, die Servicekraft an der Tankstelle mit 100–200 Ft. Restaurants (Imbissstuben nicht!) dürfen eine Servicegebühr von bis zu 15 Prozent erheben. Davon fließen 81 Prozent in die Rentenkasse, der Rest wird ans Personal ausgeschüttet.

VERGÜNSTIGUNGEN

Für EU-Bürger, die Rentner sind (ab 65, oft auch schon ab 63 Jahre), gibt es viele Vergünstigungen (immer danach fragen). So können sie öffentliche Verkehrsmittel (Bahn, Busse, U-Bahn) landesweit kostenlos benutzen. Bei den Linienschiffen am Balaton gibt es 50 Prozent Rabatt. Die beste Karte ist die Budapest Card *(www.budapest-card.com).* Es gibt sie für 24 Stunden (4500 Ft.), für 48 Stunden (7500 Ft.) und für 72 Stunden (8900 Ft.). Die *Ungarn Card (www.hungarycard.hu)* gibt es für 6350 Ft. (Standard), eine *Balaton Card (www.balatoncard.hu)* für 3400 Ft. (gültig 30. Mai–30. April für zwei Erwachsene und zwei Kinder bis 14 Jahre).

ZEITUNGEN

Deutschsprachige Zeitungen sind die Wochenzeitungen „Budapester Zeitung" *(www.budapester.hu)* und „Pester Lloyd" *(www.pesterlloyd.net)* sowie die monatlich erscheinende „Balaton Zeitung" *(www.balaton-zeitung.info).*

ZOLL

Waren für den persönlichen Bedarf können in Mengen, wie sie in der EU erlaubt sind, ein- und ausgeführt werden (z. B. 10 l Spirituosen und 60 l Schaumwein). Ausnahme: Bei der Einreise aus Ungarn nach Deutschland sind Zigaretten nur bis zu einer Menge von 300 Stück steuerfrei, solange Ungarn bestimmte EU-Steuervorschriften nicht erfüllt hat (Stand bei Redaktionsschluss). *www.zoll.de*

SPRACHFÜHRER UNGARISCH

AUSSPRACHE

Zur Erleichterung der Aussprache sind alle ungarischen Wörter mit einer einfachen Aussprache (in eckigen Klammern) versehen. Es wird immer die erste Silbe eines Wortes betont.

AUF EINEN BLICK

ja/nein/vielleicht	igen [igän]/nem [näm]/talán [tollahn]
bitte/danke	kérem [kehräm]/köszönöm [kössönöm]
Entschuldige!/ Entschuldigen Sie!	Bocsáss meg! [botschahsch mäg]/Bocsásson meg, kérem! [botschahschonn mäg, kehräm]
Darf ich ...?/Wie bitte?	Szabad ...? [sobbodd]/Tessék? [täschschehk]
Ich möchte/Haben Sie ...?	Szeretnék [ssärätnehk]/Van ...? [wonn]
Wie viel kostet ...?	Mennyibe kerül? [männjibä kärül]
Das gefällt mir (nicht).	Ez (nem) tetszik. [äs (näm) tätzik]
gut/schlecht	jó [joh]/rossz [ross]
kaputt/funktioniert nicht	rossz [ross]/nem működik [näm mühköddikk]
zu viel/viel/wenig	túl sok [tuhl schokk]/sok [schokk]/kevés [kävehsch]
alles/nichts	minden [minnden]/semmi [schämmi]
Hilfe!/Achtung!/Vorsicht!	Segítség! [schägihtschehg]/Figyelem! [fidjäläm]/ Vigyázat! [widjahsott]
Krankenwagen/Polizei/ Feuerwehr	mentő [mäntöh]/rendőrség [rändöhrschehg]/ tűzoltóság [tühsoltohschahg]
Verbot/verboten	tilalom [tilollom]/tilos [tillosch]
Gefahr/gefährlich	veszély [vässehj]/veszélyes [vässehjäsch]
Darf ich Sie/hier fotografieren?	Szabad itt/Önt fényképezni? [ssobod iht/öhnt fehnjkehpessni]

BEGRÜSSUNG UND ABSCHIED

Gute(n) Morgen!/Tag!/ Abend!/Nacht!	Jó reggelt!/[joh räggält]/napot! [joh noppot]/ estét! [joh äschteht]/éjszakát! [joh ehssokkaht]
Hallo!	Halló! [holloh]
Tschüss!/Auf Wiedersehen!	Szia/Sziasztok! [ssio/ssiosstok]/Viszontlátásra! [wis-sontlahtahschro]
Ich heiße ...	...-nak hívnak. [...-nokk hihfnokk]
Wie heißen Sie?	Hogy hívják Önt? [hodj hihfjahk öhnt]
Wie heißt Du?	Hogy hívnak? [hodj hihfnokk]

Beszélsz magyarul?

„Sprichst du Ungarisch?" Dieser Sprachführer hilft Ihnen,
die wichtigsten Wörter und Sätze auf Ungarisch zu sagen

DATUMS- UND ZEITANGABEN

Montag/Dienstag	hétfő [hehtföh]/kedd [käd]
Mittwoch/Donnerstag	szerda [ssärdo]/csütörtök [tschüttörrtökk]
Freitag/Samstag	péntek [pehntäk]/szombat [ssombott]
Sonntag/Werktag	vasárnap [woschahrnopp]/munkanap [munkonopp]
Feiertag	ünnepnap [ünnäpnopp]
heute/morgen/gestern	ma [mo]/holnap [holnopp]/tegnap [tägnopp]
Stunde/Minute	óra [ohro]/perc [pärz]
Tag/Nacht/Woche	nap [nopp]/éjszaka [ehssokko]/hét [heht]
Monat/Jahr	hónap [hohnopp]/év [ehf]
Wie viel Uhr ist es?	Hány óra (van)? [hahnj ohro (wonn)]
Es ist drei Uhr.	Három óra (van). [hahrom ohro (wonn)]
Es ist halb vier.	Fél négy (van). [fehl nehdj (wonn)]
Viertel vor vier/Viertel nach vier	háromnegyed négy (van) [hahromnädjäd nehdj (wonn)]/negyed öt (van) [nädjäd ött (wonn)]

UNTERWEGS

offen/geschlossen	nyitva [njitwo]/zárva [sahrwo]
Eingang/Ausgang	bejárat [bäjahrott]/kijárat [kijahrott]
Abfahrt/Ankunft	indulás [indulahsch]/érkezés [ehrkäsehsch]
Toiletten/Damen/Herren	toalett [toollät]/hölgyek [höldjäkk]/urak [urrokk]
(kein) Trinkwasser	(nem) ívóvíz [(näm) ihwohwihs]
Wo ist ...?/Wo sind ...?	Hol van ...? [hol wonn]/Hol vannak ...? [hol wonnokk]
links/rechts	balra [bollro]/jobbra [jobro]
geradeaus/zurück	egyenes(en) [ädjänäsch(än)]/vissza [wisso]
nah/weit	közel [kösäl]/messze [mässä]
Bus/Straßenbahn/Taxi	busz [buss]/villamos [wilommosch]/taxi [toxi]
U-Bahn/Haltestelle	metró [mätroh]/megálló [mägahloh]
Parkplatz/Parkhaus	parkoló [porrkoloh]/parkolóház [porrkolohhahs]
Stadtplan/(Land-)Karte	várostérkép [wahroschtehrkehp]/térkép [tehrkehp]
Bahnhof	vasútállomás [woschuhtahlomahsch]
Flughafen	repülőtér [räpülöhtehr]
Fahrplan/Fahrschein	menetrend [mänätränd]/menetjegy [mänätjädj]
einfach/hin und zurück	oda [odo]/oda-vissza [odo-wisso]
Zug/Gleis	vonat [wonott]/vágány [wahgahnj]
Ich möchte ... mieten.	...-t szeretnék bérelni. [ssärätnehk behrälni]
ein Auto/ein Fahrrad	autót [autoht]/biciklit [biziklit]
Tankstelle	benzinkút [bänsinkuht]
Benzin/Diesel	benzin [bänsin]/gázolaj [gahsoloj]
Panne/Werkstatt	defekt [däfäkt]/műhely [mühhäj]

ESSEN UND TRINKEN

Reservieren Sie uns bitte für heute Abend einen Tisch für vier Personen.	Foglaljon kérem nekünk ma estére egy asztalt négy személyre. [foglaljon kehräm näkünk mo äschtehrä ädj osstollt nehdj ssämehjrä]
Die Speisekarte, bitte.	Az étlapot kérem. [os ehtlopot kehräm]
Könnte ich bitte ... haben?	Hozna nekem kérem ...? [hossno näkäm kehräm]
Salz/Pfeffer/Zucker/Essig	só [schoh]/bors [borsch]/cukor [zukor]/ ecet [äzät]
Milch/Sahne/Zitrone/Öl	tej [täj]/tejszín [täjssihn]/citrom [zitrom]/olaj [oloj]
mit/ohne Eis/Kohlensäure	jéggel [jehgäl]/jég nélkül [jehg nehkül]/szénsavas [ssehnschowosch]/szénsavmentes [ssehnschaw-mäntäsch]
Vegetarier(in)/Allergie	vegetáriánus [wägätahriahnusch]/ allergia [olärgio]
Ich möchte zahlen, bitte.	Fizetni szeretnék, kérem. [fisätni ssärätnehk, kehräm]
Rechnung/Quittung	számla [ssahmlo]/nyugta [njugto]

EINKAUFEN

Ich möchte .../Ich suche ...	Szeretnék ... [ssärätnehk]/Keresek ... [käräsäk]
Apotheke/Drogerie	gyógyszertár [djohdjssärtahr]/drogéria [drogehrio]
Bäckerei/Markt/Kiosk	pékség [pehkschehg]/piac [pioz]/trafik [trofik]
100 Gramm/1 Kilo	száz gramm [ssahs grom]/egy kiló [ädj kilo]
teuer/billig/Preis	drága [drahgo]/olcsó [oltschoh]/ár [ahr]
mehr/weniger	több [töb]/kevesebb [käwäschäb]

ÜBERNACHTEN

Ich habe ein Zimmer reserviert.	Szobát rendeltem. [ssobaht rändältäm]
Haben Sie noch ...?	Van még szabad ...? [wonn mehg ssobod]
Einzelzimmer	egyágyas szobájuk [äddjahdjosch ssobahjukk]
Doppelzimmer	kétágyas szobájuk [kehtahdjosch ssobahjukk]
Frühstück/Halbpension	reggeli [räggäli]/félpanzió [fehlponsiohn]
Vollpension/Balkon	teljes panzió [täljäsch ponsiohn]/erkély [ärkehj]
Dusche/Bad	tusoló [tuhscholoh]/fürdőszoba [fürdöhssobo]
Schlüssel/Zimmerkarte	kulcs [kultsch]/szobakártya [ssobokahrtjo]
Gepäck/Koffer	csomag [tschomogg]/bőrönd [böhrönnd]

BANKEN UND GELD

Bank/Geldautomat	bank [bonk]/bankautomata [bonkoutomahto]
Geheimzahl	titkos kód [titkosch kohd]
Ich möchte ... Euro wechseln.	Szeretnék ... eurót váltani. [ssärätnehk ... äuroht wahltoni]
bar/ec-Karte/Kreditkarte	készpénz [kehspehns]/ec-kártya [äc-kahrtjo]/ hitelkártya [hitälkahrtjo]

| Banknote/Münze | bankjegy [bonkjädj]/fémpénz [fehmpehns] |
| Wechselgeld | aprópénz [oprohpehns] |

GESUNDHEIT

Arzt/Zahnarzt	orvos [orwosch]/fogorvos [fogorwos]
Krankenhaus/Notfall-praxis/Kinderarzt	kórház [kohrhahs]/sürgősségi rendelés [schürgösch-schehgi rändälehsch]/gyerekorvos [djäräkorwos]
Fieber/Schmerzen	láz [lahs]/fájdalom [fojdollom]
Durchfall/Übelkeit	hasmenés [hosmänehsch]/rosszullét [rossuleht]
Schmerzmittel/Tablette	fájdalomcsillapító [fojdollomtschilopihtoh]/tabletta [tobläto]

TELEKOMMUNIKATION & MEDIEN

Briefmarke/Brief	bélyeg [behjäg]/levél [läwehl]
Postkarte	képeslap [kehpäschlopp]
Ich brauche eine Telefonkarte fürs Festnetz.	Szükségem van telefonkártyára vezetékes telefon-hoz. [ssükschehgäm wonn täläfonkahrtjahro wäsätehkäsch täläfonhos]
Ich suche eine Prepaid-karte für mein Handy.	Feltöltős telefonkártyát keresek a mobiltelefonom-hoz. [fältöltösch täläfonkahrtjaht käräsäk o mobil-täläfonomhos]
Internetzugang	internethozzáférés [internäthossahfehrehsch]

ZAHLEN

0	nulla [nullo]	18	tizennyolc [tisännjolz]
1	egy [ädj]	19	tizenkilenc [tisänkilänz]
2	kettő/két [kättöh/keht]	20	húsz [huhss]
3	három [hahrom]	21	huszonegy [hussonädj]
4	négy [nehdj]	30	harminc [horrminz]
5	öt [öt]	40	negyven [nädjwän]
6	hat [hott]	50	ötven [ötwän]
7	hét [heht]	60	hatvan [hottwonn]
8	nyolc [njolz]	70	hetven [hätwän]
9	kilenc [kilänz]	80	nyolcvan [njolzwonn]
10	tíz [tihs]	90	kilencven [kilänzwän]
11	tizenegy [tisänädj]	100	száz [ssahs]
12	tizenkettő/tizenkét [tisänkättöh/tisänkeht]	200	kétszáz [kehtssahs]
13	tizenhárom [tisänhahrom]	1000	ezer [äsär]
14	tizennégy [tisännehdj]	2000	kétezer [kehtäsär]
15	tizenöt [tisänöt]	10000	tízezer [tihsäsär]
16	tizenhat [tisänhott]	1/2	fél [fehl]
17	tizenhét [tisänheht]	1/4	(egy) negyed [(ädj) nädjäd]

EIGENE NOTIZEN

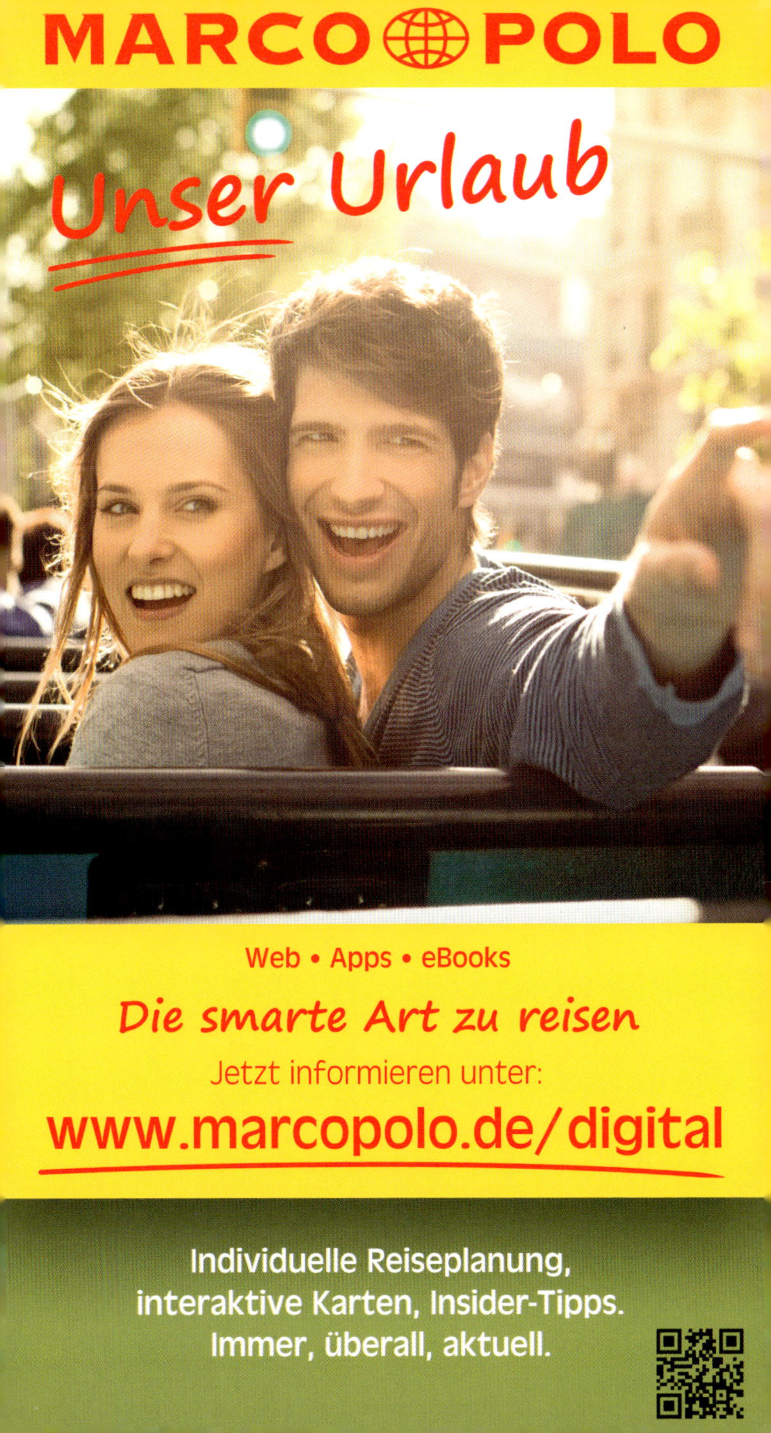
MARCO POLO
Unser Urlaub
Web • Apps • eBooks
Die smarte Art zu reisen
Jetzt informieren unter:
www.marcopolo.de/digital
Individuelle Reiseplanung,
interaktive Karten, Insider-Tipps.
Immer, überall, aktuell.

REISEATLAS

Die grüne Linie ▬▬ zeichnet den Verlauf der Ausflüge & Touren nach
Die blaue Linie ▬▬ zeichnet den Verlauf der Perfekten Route nach

**Der Gesamtverlauf aller Touren ist auch in
der herausnehmbaren Faltkarte eingetragen**

Bild: Burgpalast in Budapest

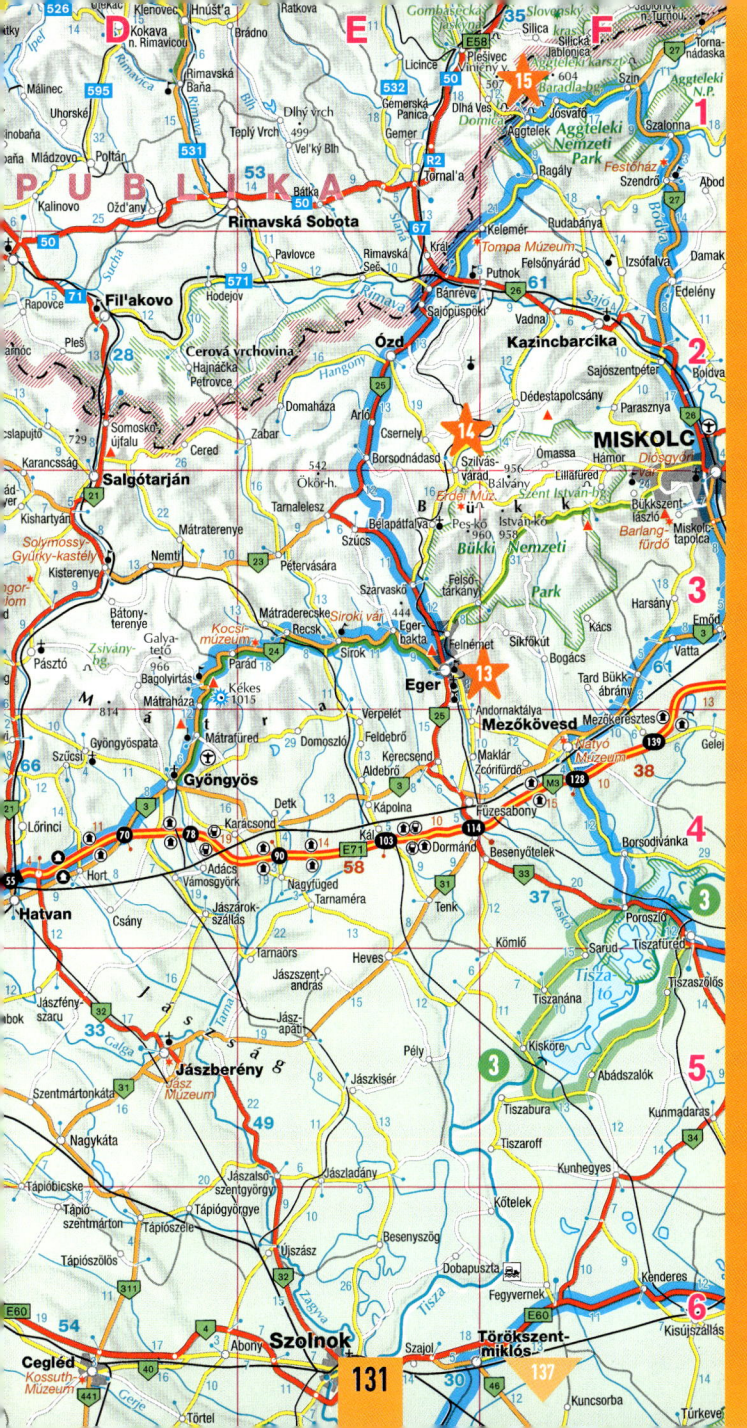

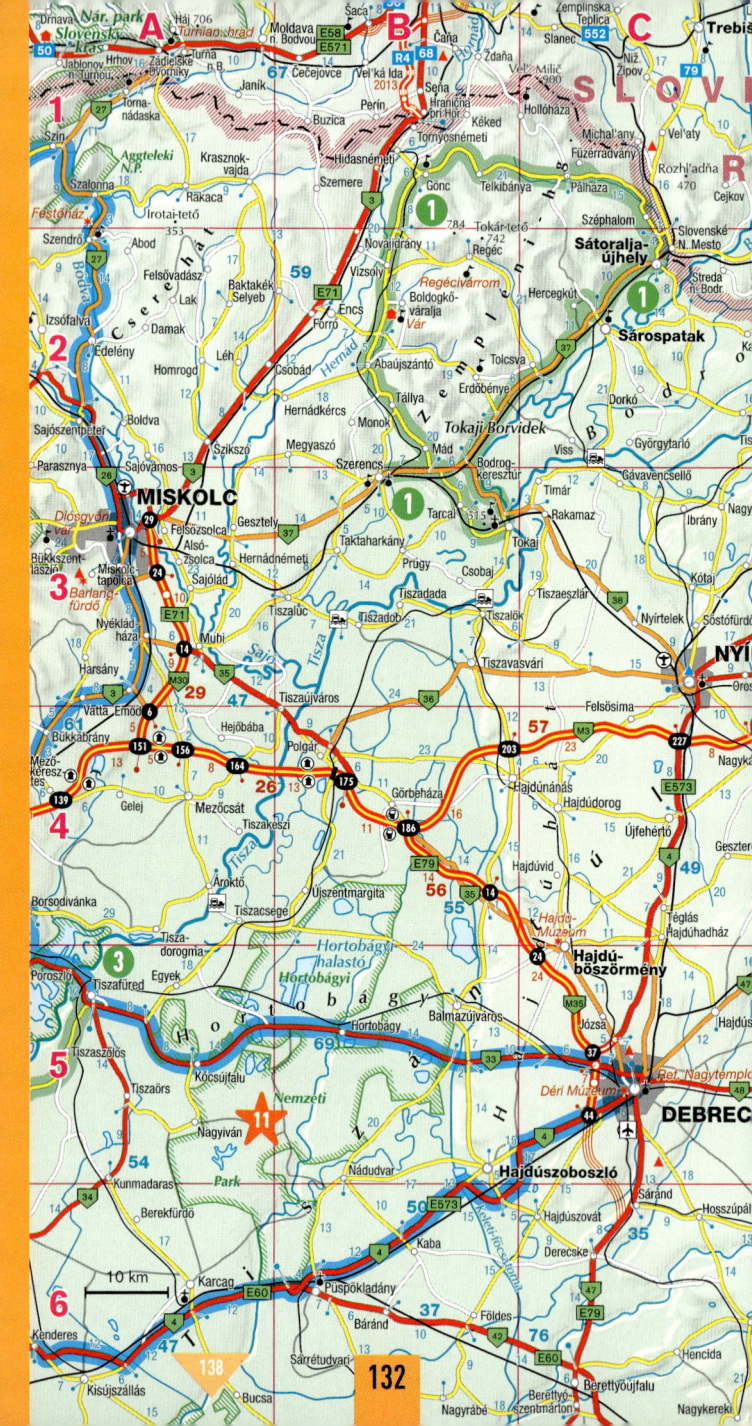

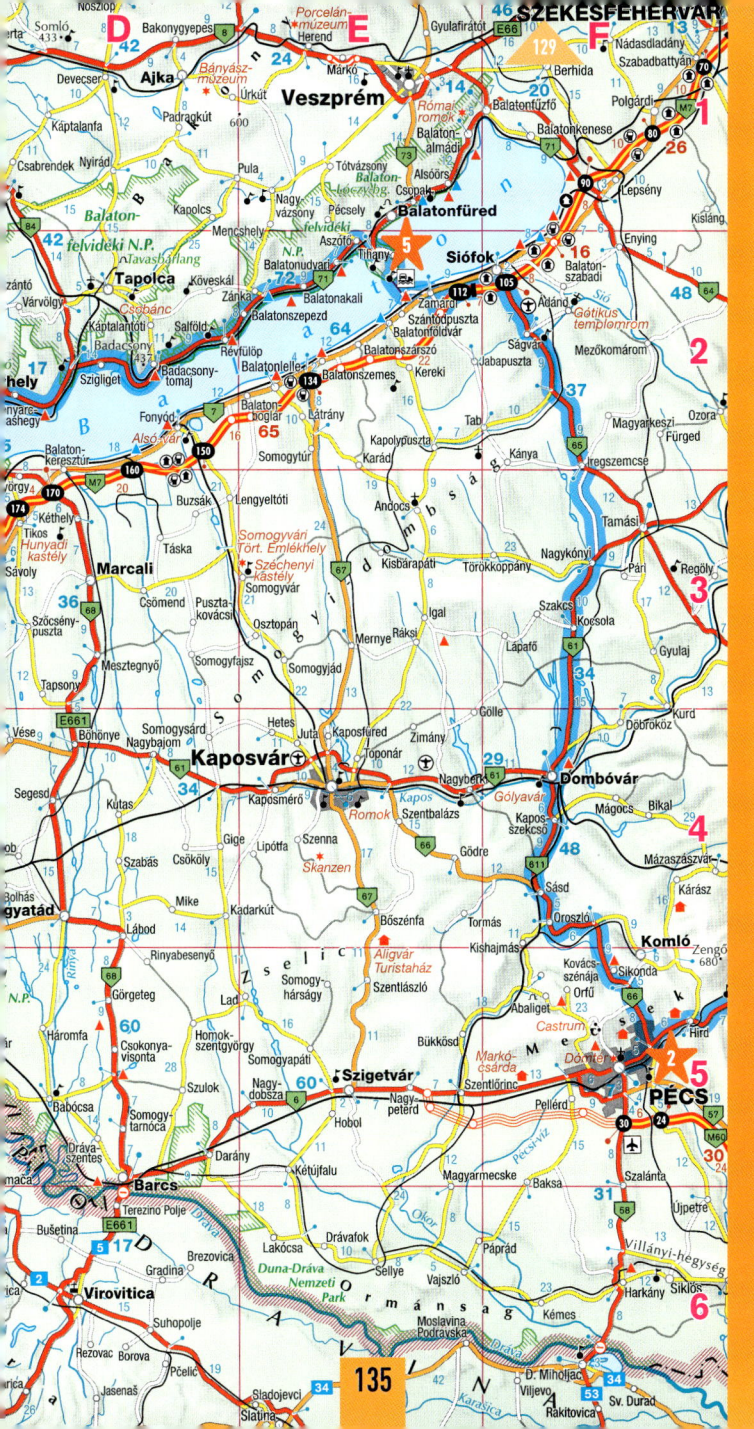

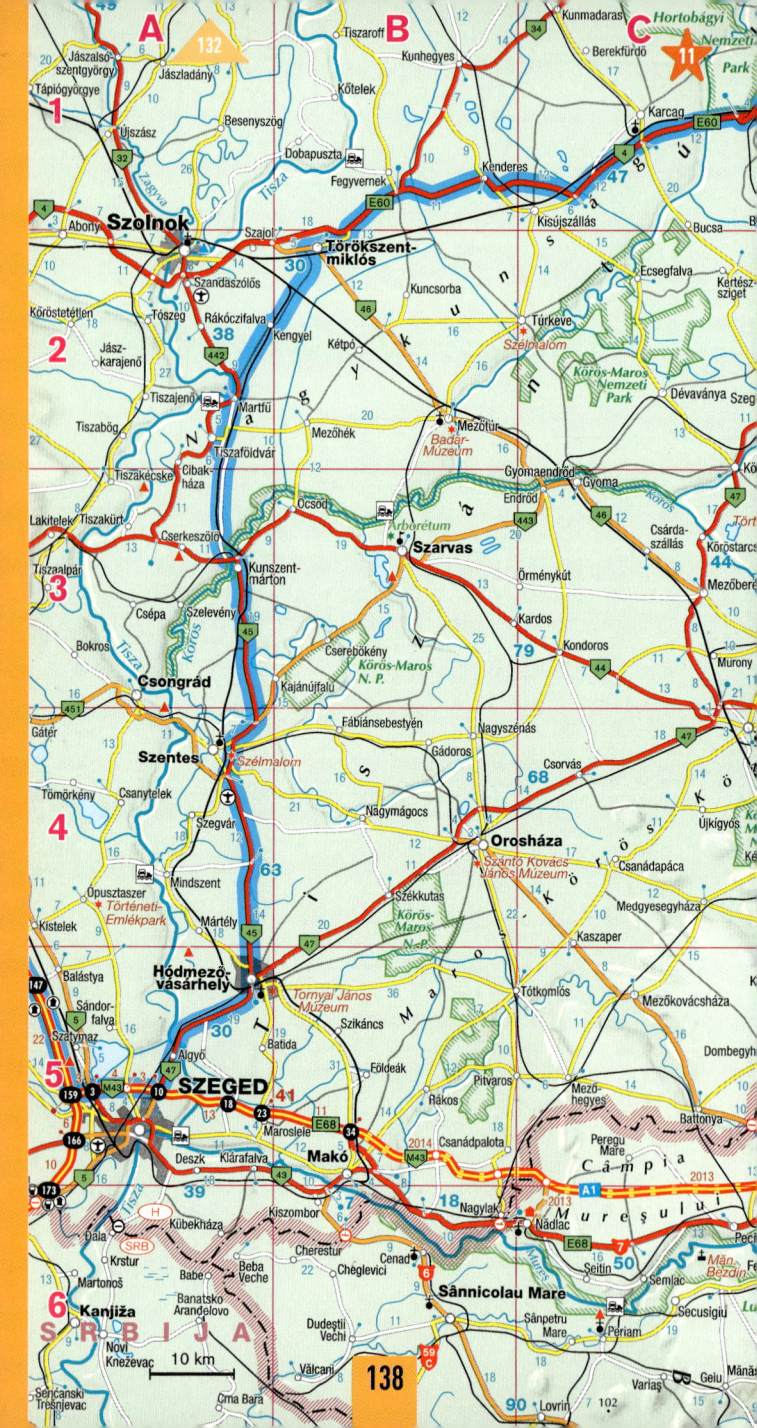

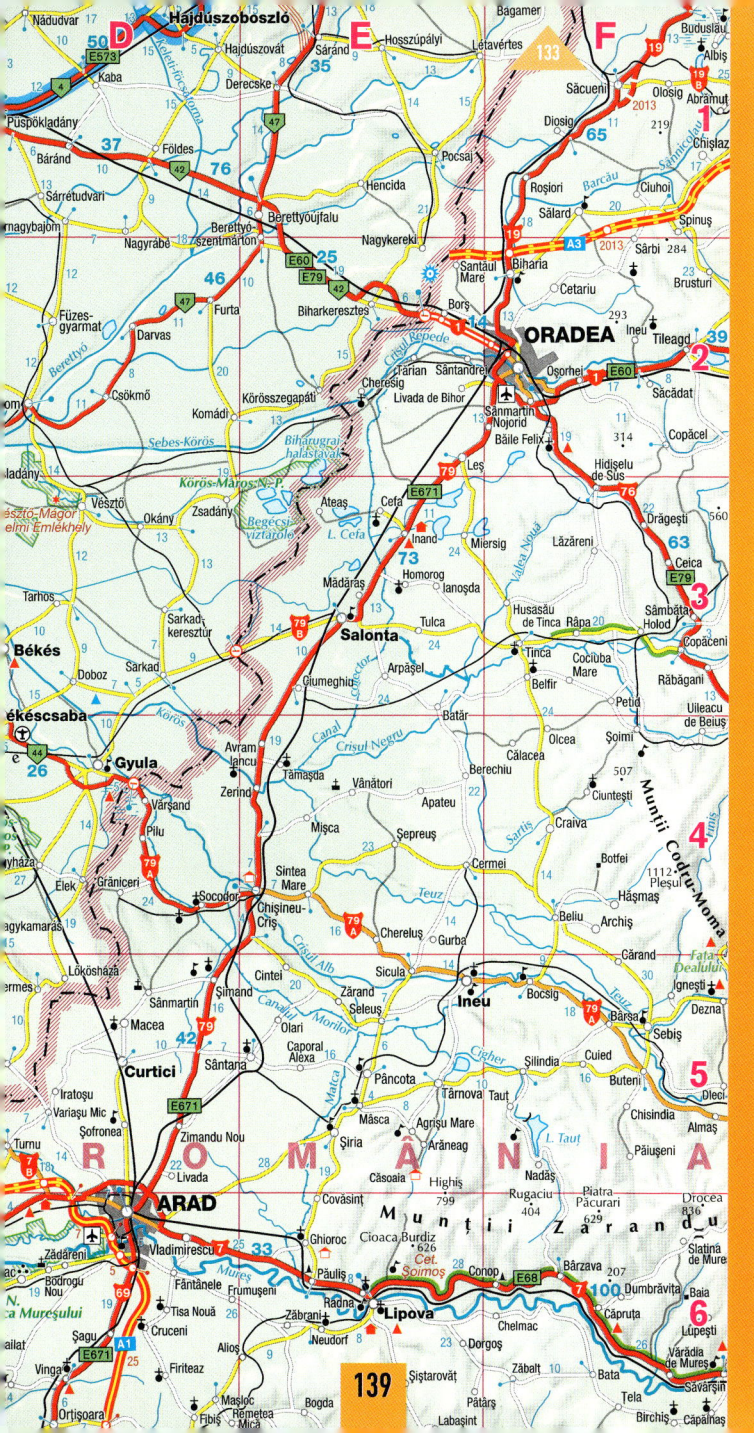

KARTENLEGENDE

Autobahn mit Anschlussstellen	Motorway with junctions
Autobahn in Bau	Motorway under construction
Mautstelle	Toll station
Raststätte mit Übernachtung	Roadside restaurant and hotel
Raststätte	Roadside restaurant
Tankstelle	Filling-station
Autobahnähnliche Schnellstraße mit Anschlussstelle	Dual carriage-way with motorway characteristics with junction
Fernverkehrsstraße	Trunk road
Durchgangsstraße	Thoroughfare
Wichtige Hauptstraße	Important main road
Hauptstraße	Main road
Nebenstraße	Secondary road
Eisenbahn	Railway
Autozug-Terminal	Car-loading terminal
Zahnradbahn	Mountain railway
Kabinenschwebebahn	Aerial cableway
Eisenbahnfähre	Railway ferry
Autofähre	Car ferry
Schifffahrtslinie	Shipping route
Landschaftlich besonders schöne Strecke	Route with beautiful scenery
Alleenstr. Touristenstraße	Tourist route
XI-V Wintersperre	Closure in winter
Straße für Kfz gesperrt	Road closed to motor traffic
8% Bedeutende Steigungen	Important gradients
Für Wohnwagen nicht empfehlenswert	Not recommended for caravans
Für Wohnwagen gesperrt	Closed for caravans
Besonders schöner Ausblick	Important panoramic view

Wartenstein *Umbalfälle* Sehenswert: Kultur - Natur	Of interest: culture - nature
Badestrand	Bathing beach
Nationalpark, Naturpark	National park, nature park
Sperrgebiet	Prohibited area
Kirche	Church
Kloster	Monastery
Schloss, Burg	Palace, castle
Moschee	Mosque
Ruinen	Ruins
Leuchtturm	Lighthouse
Turm	Tower
Höhle	Cave
Ausgrabungsstätte	Archaeological excavation
Jugendherberge	Youth hostel
Allein stehendes Hotel	Isolated hotel
Berghütte	Refuge
Campingplatz	Camping site
Flughafen	Airport
Regionalflughafen	Regional airport
Flugplatz	Airfield
Staatsgrenze	National boundary
Verwaltungsgrenze	Administrative boundary
Grenzkontrollstelle	Check-point
Grenzkontrollstelle mit Beschränkung	Check-point with restrictions
ROMA Hauptstadt	Capital
VENÉZIA Verwaltungssitz	Seat of the administration
Ausflüge & Touren	Trips & Tours
Perfekte Route	Perfect route
MARCO POLO Highlight	MARCO POLO Highlight

FÜR IHRE NÄCHSTE REISE ...

ALLE **MARCO POLO** REISEFÜHRER

Viele MARCO POLO Reiseführer gibt es auch als eBook – und es kommen ständig neue dazu!
Checken Sie das aktuelle Angebot einfach auf: www.marcopolo.de/e-books

REGISTER

Das Register enthält alle in diesem Reiseführer erwähnten Orte und Ausflugsziele. Gefettete Seitenzahlen verweisen auf den Haupteintrag.

IMPRESSUM

SCHREIBEN SIE UNS!

Egal, was Ihnen Tolles im Urlaub begegnet oder Ihnen auf der Seele brennt, lassen Sie es uns wissen! Ob Lob, Kritik oder Ihr ganz persönlicher Tipp – die MARCO POLO Redaktion freut sich auf Ihre Infos.

Wir setzen alles dran, Ihnen möglichst aktuelle Informationen mit auf die Reise zu geben. Dennoch schleichen sich manchmal Fehler ein – trotz gründlicher Recherche unserer Autoren/innen. Sie haben sicherlich Verständnis, dass der Verlag dafür keine Haftung übernehmen kann.

MARCO POLO Redaktion
MAIRDUMONT
Postfach 31 51
73751 Ostfildern
info@marcopolo.de

IMPRESSUM
Titelbild: Plattensee, Balatonboglar (Huber: Mehlig)
Fotos: A38 Hajó: Benedek Vasák (16 u.); Bikebase Budapest: Imre Stass (17 o.); djuice (16 M.); DuMont: Hilbich (91); DuMont Bildarchiv: Freyer (2 M. o., 7, 8, 12/13, 26 r., 41, 47, 53, 93, 111); R. Freyer (2 M. u., 26 l., 28/29, 29, 30 u., 32/33, 34, 36, 39, 42, 49, 64, 67, 68, 84, 88, 94, 96/97, 100, 110, 112 o.); J. Gläser (71); R. Hackenberg (Klappe l., 58); Huber: Giovanni Simeone (Klappe r., 50), Mehlig (1 o.); N. Kern (1 u.); T. Kliem (2 u., 3 o., 30 o., 56/57, 61, 62/63, 72, 113); C. Lachenmaier (3 M., 18/19, 28, 74/75, 79, 81, 82, 98, 102/103); mauritius images: age (2 o., 4, 106/107), Blume Bild (22), H. Higuchi (6), ib: (Strigl) (76), JIRI (24/25), Juice Images (3 u.); Retrock: Marinka Zsuzsanna Alexandrovna (16 o.); Silvestris: Stadler (55); O. Stadler (45); T. Stankiewicz (5, 9, 10/11, 15, 21, 27, 86/87, 105, 108, 126/127); Tipton Eyeworks: Andrá/Tipton (17 u.); E. Wrba (112 u.)

14., aktualisierte Auflage 2015
© MAIRDUMONT GmbH & Co. KG, Ostfildern
Chefredaktion: Marion Zorn
Autorin: Rita Stiens; Koautor: Nils Kern; Redaktion: Corinna Walkenhorst
Verlagsredaktion: Ann-Katrin Kutzner, Nikolai Michaelis, Kristin Schimpf, Martin Silbermann
Prozessmanagement Redaktion: Verena Weinkauf
Bildredaktion: Gabriele Forst
Im Trend: wunder media, München
Kartografie Reiseatlas: © MAIRDUMONT, Ostfildern; Kartografie Faltkarte: © MAIRDUMONT, Ostfildern
Innengestaltung: milchhof:atelier, Berlin; Titel, S. 1, Titel Faltkarte: factor product münchen
Sprachführer: in Zusammenarbeit mit Ernst Klett Sprachen GmbH, Stuttgart, Redaktion PONS Wörterbücher

MIX
Paper from
responsible sources
FSC® C011918

BLOSS NICHT 👆

Ein paar Vorsichtsmaßregeln, die Sie beachten sollten

AUF DER STRASSE GELD WECHSELN

Zum einen können Sie sich Falschgeld einhandeln, zum anderen sind einige Händler geschickte Trickbetrüger: Man zählt dem Kunden die Scheine vor – aber der bekommt dann nicht das vorgezählte Geldbündel, sondern ein anderes mit weniger Scheinen.

DIE POLIZEI PROVOZIEREN

Wer bei der Polizei auffällig wird, sollte eine erste Warnung der Beamten ernst nehmen. Kommt zum ersten ein zweiter Vorfall hinzu, findet sich der Straftäter schnell hinter Gittern wieder. Die Ordnungshüter greifen meistens fair, aber eben sehr konsequent durch.

DAS AUTO UNBEWACHT ABSTELLEN

Autodiebstahl ist in Budapest, aber auch in anderen Orten an der Tagesordnung. Stellen Sie ein Fahrzeug darum nur auf einem bewachten Parkplatz oder nachts in der Hotelgarage ab.

AUF ABRECHNUNGSTRICKS HEREINFALLEN

Achten Sie bei Taxifahrten stets darauf, dass der Taxameter eingeschaltet ist. Bei Fahrten zu Zielen außerhalb des Orts wird oft auch die Rückfahrt berechnet. Doch mancher Fahrer hat seine eigenen Vorstellungen davon, wo sich die Ortsgrenze befindet. Darum klären Sie schon vor der Abfahrt, welcher Preis zu zahlen ist. Im Restaurant rechnen Sie lieber nach, ob der Gesamtbetrag stimmt, wenn die Rechnung nicht maschinell erstellt wurde. Und kontrollieren Sie auch, ob das Rückgeld korrekt herausgegeben wird. Am besten lassen Sie die Geldscheine auf dem Tisch liegen, bis der Kellner das Wechselgeld ausgezahlt hat.

JEDEN PREIS AKZEPTIEREN

Achtung beim Kauf von Souvenirs: Die Händler auf den Märkten haben einen „Riecher" für Nichtungarn. Und nennen flugs einen zumeist weit überhöhten Preis für die Tischdecke oder die Lederjacke. Nur wer hartnäckig handelt, erzielt am Ende einen fairen Preis.

DIE EINHEIMISCHEN BELEHREN

Die politischen Neuigkeiten aus Ungarn geben seit Jahren immer wieder Grund zur Sorge. Und gegen eine kleine Diskussion unter Europäern ist ganz sicher nichts einzuwenden. Nur sollten Sie die stolzen Magyaren nicht von oben herab behandeln: Die Regierung hat ihre haushohe Mehrheit in demokratischen Wahlen erlangt.

OHNE PREISKONTROLLE BESTELLEN

Es kommt leider häufiger vor, dass Kellner, vor allem bei Weinen, sehr teure Empfehlungen geben. Bestellen Sie daher grundsätzlich nichts, ohne in der Karte nachgeschaut zu haben, was der empfohlene Wein oder das empfohlene Gericht kostet.